UNDERSTANDING THE ORGANIZATION

조직이해

금진호 · 최은주 · 이재희 · 김경진 · 임영수 · 박수미 공저

수양재

머리말

우리는 가정, 학교, 사회 등 수많은 조직에서 서로 만나고 해결하고 때론 갈등하며 살아가곤 한다. 개인적인 문제뿐만 아니라 사회에서 기업에서 그 조직의 문제를 해결하기 위해 애를 쓴다. 별 고민 없이 금방 풀리는 쉬운 문제가 있고, 아무리 머리를 굴려도 답이 나오질 않는 어려운 문제가 있다. 그런데 이 문제는 내가 속한 조직을 이해하면 단순히 풀리는 경우도 많다. 우리는 조직에서 서로 갈등을 빚기도 하지만 '피할 수 없다면 즐겨라'라고 하는 말처럼 오히려 호기심과 적극적 사고를 갖고 접근한다면 그 조직은 나에게 또 다른 활력소로 다가올 것이다.

오늘날 성공하고 행복한 사람들의 공통점은 무엇일까? 그것은 바로 자신의 이익을 넘어 타인과 세상을 위해 의미 있는 일을 하고 있다는 점이다. 이는 남을 밟고 올라서는 성공이 아닌 타인과 더불어 조직에서 새로운 가치를 만들어내는 성공이 필요함을 보여준다. 이처럼 조직에서 협력과 집단지성이 중요한 시기에 자신을 조율하고 타인과 함께 살아가기 위해서는 조직을 이해하고 조직 안에 나를 융화시키는 것이다. 그것이 사회인으로 직장인으로 능력으로서 성공과 행복의 밑거름이다.

사회가 발전하면서 나타나는 각종 사회 문제와 직장 내 조직의 문제 중에는 자신의 부족으로 인하여 일어나는 것이 많다. 조직에서 폭력, 왕따, 성적 차별, 사회적 차별, 우월감, 열등감 등과 같은 현상은 어제 오늘의 일이 아니며, 이러한 점에서 우리는 조직을 이해하고 적응하는 필요성을 절감하고 있다. 최근 들어 OECD와 같은 국제기구에서도 미래사회의 핵심 역량으로 타인과 잘 지내는 능력, 민주시민의식과 같은 사회적이고 협력적인 역량을 중요한 능력으로 설정하고, 이를 향상하기 위한 노력을 많이 하고 있다.

우리는 지금 플랫폼 시대에 살고 있다. 페이스북, 아마존, 구글은 대표적인 플랫폼 기업이다. 인터넷 발달은 온라인 플랫폼 시대를 열었다. 수요자와 공급자를 연결해서 새로운 부가가치를 창출하는 플랫폼이다. 이곳에서 원하는 물건을 구매하고, 원하는 서비스를 찾는데 이는 디지털로 연결(소통)하는 시스템을 보여준다. 제4차 산업혁명(Industry 4.0)은 이미 대세를 이루고 있는데 이러한 흐름을 읽어내는 초연결(소통역량)이 플랫폼 시대의 핵심이다. 그런데 이런 온라인 사회의 문제는 조직을 이해하지 못하고 적응하지 못하는 시대로의 문제를 안고 있다.

많은 대학생이 이 교재를 통해 본인에게 필요한 직업기초능력과 조직이해능력 배양은 물론 사회에서 필요로 하는 맞춤형 인재가 되기를 바란다. 형식적 스펙이 아닌 실질적 능력 중심의 대한민국에서 여러분들이 크고 놀라운 날개를 달고 희망찬 걸음을 한 걸음씩을 내딛길 원한다. 집필 과정에서 NCS 학습 모듈의 목표를 달성할 수 있도록 주요 내용을 반영하였고 이와 함께 학습 목표와 연계된 주제와 내용을 보완하여 직업현장에서 요구하는 조직이해능력을 습득할 수 있도록 하였다. 이 책에서는 직업과 사회적 측면에서 피할 수 없는 주제인 조직을 다루며 여기에 사회에 대한 다양한 내용과 방법을 통해 올바른 조직에 대한 이해를 높이고자 하였다.

누구나 피할 수 없는 조직에 대한 적응을 통해 다가올 미래를 준비할 수 있을 것이다. 아무쪼록 본 교재를 통해 이 땅의 젊은이들이 더 높고 원대한 희망과 비전, 그리고 조직에 대한 자신감을 높이길 바란다.

2023년 2월

저자 일동

활용안내

기초직업능력으로서의 조직이해능력은 직업인으로서 일상적인 직장 생활에 요구되는 조직의 체제와 경영 및 국제감각을 이해하는 능력을 의미한다.

이에 따라 기초직업능력으로서의 조직이해능력은 직장 생활에 필요한 조직의 경영 목표와 경영방법을 이해하는 경영이해능력, 조직의 구조와 목적, 규칙, 규정 등을 이해하는 체제이해능력, 업무의 성격과 내용을 알고 필요한 지식, 기술, 행동을 확인하는 업무이해능력, 다른 나라의 문화를 이해하고 국제적인 동향을 이해하는 국제감각으로 구성되어 있다.

이 교재는 모든 직업인에게 공통적으로 요구되는 조직이해능력을 학습자 스스로 진단하고, 체험 중심으로 학습하는 것을 목적으로 집필하였다.

구성

조직이해능력 교재는 크게 활용안내, 사전평가, 학습모듈, 사후평가, 참고자료, 학습평가 정답 및 해설로 구성되어 있다.

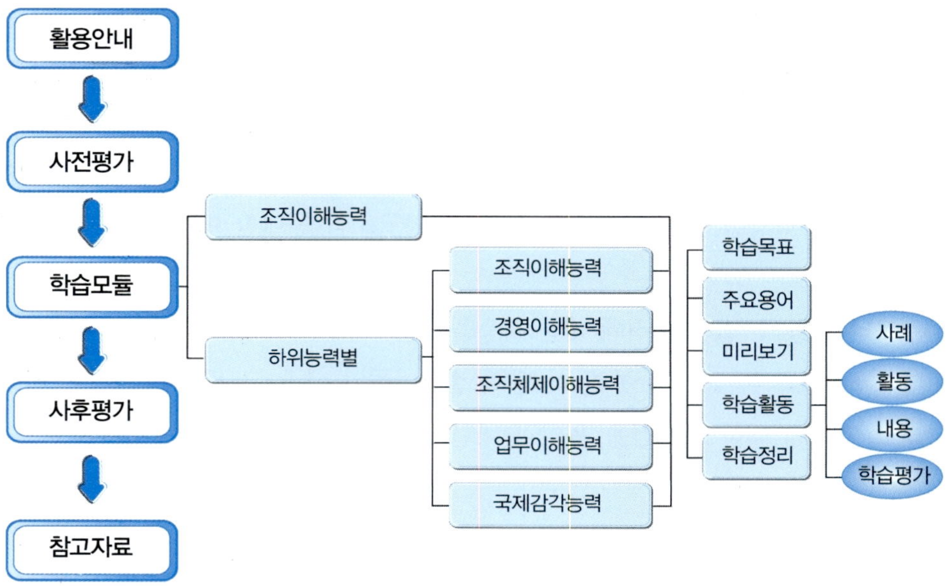

활용안내는 교재의 전체적인 개요와 구성을 설명하고, 학습자에게 교재의 효과적인 활용방법 및 학습방법을 안내하는 역할을 한다. 사전평가는 학습모듈을 학습하기 전에 조직이해능력에 대한 학습자의 현재 수준을 진단하고, 학습자에게 필요한 학습활동을 안내하는 역할을 한다.

학습모듈은 직업기초능력으로서의 조직이해능력에 대한 학습모듈과 조직이해능력을 구성하는 각 하위능력에 대한 학습모듈로 구성되어 있다. 각 학습모듈은 학습목표, 주요용어, 미리보기, 학습활동, 학습내용 요약으로 구성되어 있다.

학습목표에는 각 학습모듈의 목표가 제시되어 있으며, 주요 용어에는 각 학습모듈에 사용되는 중요한 용어(keyword)가 제시되어 있다. 미리보기에는 학습내용의 중요성과 필요성을 인식할 수 있는 사례나 예시가 제시되어 있으며 본문의 내용과 활동을 예고하는 역할을 한다.

각 학습활동은 사례연구, 활동, 내용, 학습평가, 학습정리(내용 요약)로 구성되어 있다. 사례연구에는 직업생활 중 해당 학습활동과 관련된 다양한 사례와 사례를 통해 학습하고자 하는 토의주제가 제시되어 있다. 활동에는 학습자 스스로 생각해보고 자신의 의견을 정리해볼 수 있는 다양한 진단과 체험활동들이 제시되어 있다.

내용에는 해당 학습활동과 관련이 있는 관계지식 및 정보가 제시되어 있으며, 학습평가에는 해당 학습활동의 성취수준을 파악할 수 있는 문항이 제시되어 있다. 학습정리(내용 요약)에는 각 학습모듈의 주요 내용이 정리되어 제시되어 있다.

사후평가에는 모든 학습모듈에 대한 학습을 마친 후 학습자들이 성취수준을 평가하고, 부족한 부분을 피드백 받을 수 있도록 하기 위한 체크리스트가 제시되어 있다. 마지막으로 참고자료에는 학습자들의 학습에 도움을 줄 수 있는 참고도서 및 인터넷사이트가 제시되어 있으며, 학습자가 자기 주도적으로 학습할 수 있도록 각 모듈의 학습평가에 대한 정답 및 해설이 제시되어 있다.

출처 : 국가직무능력표준(www.ncs.go.kr)

사전평가

체크리스트

다음은 모든 직업인에게 공통적으로 요구되는 조직이해능력 수준을 스스로 알아볼 수 있는 체크리스트이다. 본인의 평소 행동을 잘 생각해 보고, 행동과 일치하는 것에 체크해 보자.

문항	그렇지 않은 편이다.	그저 그렇다.	그런 편이다.
1. 나는 조직의 의미를 설명할 수 있다.	1	2	3
2. 나는 조직이해가 왜 필요한지 설명할 수 있다.	1	2	3
3. 나는 조직이 어떻게 운영되는지 설명할 수 있다.	1	2	3
4. 나는 조직의 체제를 구성하는 요소를 구분할 수 있다.	1	2	3
5. 나는 전체 조직에서 내가 맡은 업무를 설명할 수 있다.	1	2	3
6. 나는 세계화가 직장생활에 미치는 의미를 설명할 수 있다.	1	2	3
7. 나는 조직변화 계획을 수립할 수 있다.	1	2	3
8. 나는 조직과 나와의 관계를 설명할 수 있다.	1	2	3
9. 나는 경영의 의미와 과정을 설명할 수 있다.	1	2	3
10. 나는 조직에서 의사결정이 어떻게 이루어지는지 설명할 수 있다.	1	2	3
11. 나는 내가 속한 조직의 경영전략을 설명할 수 있다.	1	2	3
12. 나는 근로자들이 조직경영에 참여하는 방법을 설명할 수 있다.	1	2	3
13. 나는 내가 속한 조직의 목표를 설명할 수 있다.	1	2	3
14. 나는 내가 속한 조직의 구조를 설명할 수 있다.	1	2	3
15. 나는 내가 속한 조직문화의 특징을 설명할 수 있다.	1	2	3
16. 나는 내가 속한 집단의 특성을 설명할 수 있다.	1	2	3
17. 나는 나의 업무 특성을 설명할 수 있다.	1	2	3
18. 나는 적절한 업무수행 계획을 수립할 수 있다.	1	2	3
19. 나는 업무수행의 방해요인을 확인할 수 있다.	1	2	3
20. 나는 국제감각을 길러야 하는 필요성을 설명할 수 있다.	1	2	3
21. 나는 다른 나라 문화를 이해하는 방법을 설명할 수 있다.	1	2	3
22. 나는 전공과 관련된 국제동향을 파악할 수 있다.	1	2	3
23. 나는 글로벌시대의 국제매너를 갖추고 있다.	1	2	3

평가 방법

체크리스트의 문항별로 자신이 체크한 결과를 아래 표를 이용하여 해당하는 개수를 적어보자.

문항	수준	개수	학습모듈	교재(장)
1~8번	그렇지 않은 편이다.	(　　　)개	조직이해능력	1, 2장
	그저 그렇다.	(　　　)개		
	그런 편이다.	(　　　)개		
9~12번	그렇지 않은 편이다.	(　　　)개	경영이해능력	3, 4, 5장
	그저 그렇다.	(　　　)개		
	그런 편이다.	(　　　)개		
13~16번	그렇지 않은 편이다.	(　　　)개	조직체제이해능력	6, 7, 8장
	그저 그렇다.	(　　　)개		
	그런 편이다.	(　　　)개		
17~19번	그렇지 않은 편이다.	(　　　)개	업무이해능력	9, 10장
	그저 그렇다.	(　　　)개		
	그런 편이다.	(　　　)개		
20~23번	그렇지 않은 편이다.	(　　　)개	국제감각능력	11, 12장
	그저 그렇다.	(　　　)개		
	그런 편이다.	(　　　)개		

평가 결과

진단방법에 따라 자신의 수준을 진단한 후, 한 문항이라도 '그렇지 않은 편이다'가 나오면 그 부분이 부족한 것이기 때문에, 제시된 학습내용과 교재 장(chapter)을 참조하여 해당하는 학습내용을 학습하시오.

출처 : 국가직무능력표준(www.ncs.go.kr)

Contents

Chapter 02 조직의 개념과 유형 38

Contents

PART 2
경영이해능력

Contents

Contents

Contents

PART 5

국제감각능력

PART 1

조직이해능력

Chapter 01 조직이해능력의 개념과 구조

Chapter 02 조직의 개념과 유형

CHAPTER

01 조직이해능력의 개념과 구조

Contents

학습목표

1. 조직이해능력과 하위능력을 설명할 수 있다.
2. 경영환경 변화를 설명할 수 있다.
3. 환경변화에 따른 조직의 적응전략을 설명할 수 있다.
4. 조직에서 리더와 팔로워의 책임을 설명할 수 있다.

주요 용어

경영환경	제4차 산업혁명	조직의 적응전략
조직이해능력	리더의 책임	팔로워의 책임

미리보기

지능정보사회라는 개념이 2016년 세계경제포럼(다보스 포럼)에서 주목을 받았다. 인공지능(AI)과 로봇의 활용이 확산된 지능정보사회에서는 2020년까지 기존 일자리 중 710만 개가 사라지고 200만 개의 일자리가 새로 생길 것으로 전망한다.

상당히 충격적이지만 이미 시작된 이야기다. 우리가 자주 이용하는 현금자동입출금기(ATM)는 은행 직원들의 업무를 일부 대신하고 있다. 스마트폰 애플리케이션 개발자는 불과 20년 전만 해도 존재하지 않던 직업이다. 제4차 산업혁명의 물결이 거세질수록 단순반복, 매뉴얼 기반의 업무는 기계로 대체될 전망이다. 대신 인간은 융 · 복합적이고 창조적 사고가 필요한 분야에 집중하게 될 것이다.

제1장에서는 조직이해능력의 개념과 하위능력에 대해 학습한다. 아울러 제4차 산업혁명에 따른 경영환경의 변화와 이에 적응하기 위한 조직의 대응전략에 대해 탐구한다. 끝으로 조직의 생존을 위해 조직의 리더와 팔로워들이 지켜야 할 책임에 대해 살펴본다.

01 조직이해능력의 개념과 하위능력

조직은 단순히 개인의 합이 아닌 하나의 유기체로서 공동목표를 지향한다. 직업인은 조직의 공동목표를 달성하는 데 기여할 수 있도록 조직의 경영원리와 조직체제, 개인의 역할과 책임, 그리고 조직이 직면한 국내외 경영환경에 대해 이해하는 것이 중요하다.

1) 조직이해능력의 개념

인간의 삶을 결정하는 세 가지 요인은 시간과 공간, 그리고 인간이다. 이런 세 가지 요인은 일을 매개로 하여 연결된다. 다시 말해 인간의 삶은 언제, 어디서, 누구를 만나 무슨 일을 하느냐에 따라 결정된다.

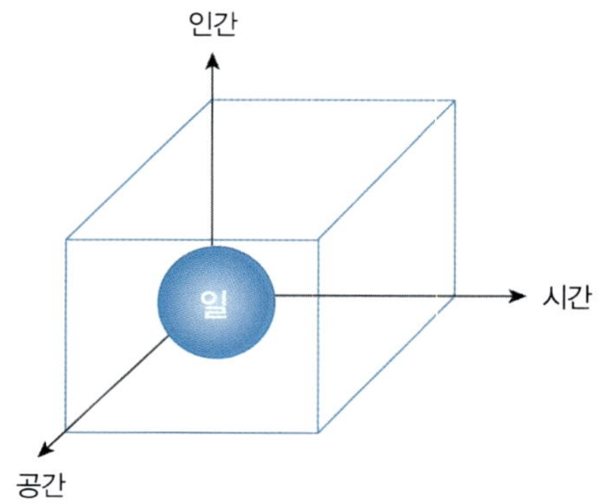

그림 1-1 삶을 결정하는 요인

이와 같이 우리 삶에 있어서 어떤 직업(일)과 어떤 직장(공간)을 선택하고, 어떤 사람(인간)을 언제(시간) 만나느냐는 매우 중요한 이슈이다.

직업인들은 깨어 있는 시간의 대부분을 직장에서 자신의 일과 관련 있는 사람들을 만난다. 직업인은 한 조직의 구성원이 되기도 하지만 업무를 수행하는 중에 다른 조직의 고객이 되기도 한다.

일의 종류와 내용은 조직마다, 개인마다 다르지만 사람들은 자신이 좋아하는 일을 즐겁게, 그리고 더 잘하고 싶어 한다. 직업인들이 자신에게 주어진 역할과 책임을 다하기 위해서는 국제적인 동향을 포함하여 경영원리와 조직의 체제 및 개인 업무에 대해 이해하는 것이 필요하다.

개념

기초직업능력으로서의 조직이해능력은 직업인이 직장생활을 하는 데 요구되는 조직의 경영과 체제를 이해하고 이에 기초하여 자신의 업무특성을 파악하며, 국제적인 감각을 기르는 능력을 의미한다.

2) 조직이해능력의 하위능력

기초직업능력으로서의 조직이해능력은 경영이해능력, 체제이해능력, 업무이해능력, 그리고 국제감각의 네 가지 하위능력으로 구성되며, 각각의 하위능력은 표 1-1 에서와 같이 몇 개의 구성요소로 이루어진다.

표 1-1 NCS 조직이해능력의 하위능력

하위능력	하위능력 개념	하위능력의 구성
경영이해 능력	조직의 경영 목표와 경영 방법을 이해하고 경영마인드를 갖추도록 하는 능력	• 조직경영의 구성요소 및 과정 • 조직의 의사결정 과정 • 조직의 경영전략 • 근로자의 조직경영 참여방법
체제이해 능력	조직의 구조와 목적, 체제 구성요소, 규칙, 규정 등을 이해하는 능력	• 조직목표 개념 • 조직구조의 결정요인 및 형태 • 조직문화의 특징 • 조직 내 집단의 기능과 유형

하위능력	하위능력 개념	하위능력의 구성
업무이해 능력	직업인이 자신에게 주어진 업무의 성격과 내용을 알고 그에 필요한 지식, 기술, 행동을 확인하는 능력	• 업무의 개념 및 특성 • 업무수행 계획수립 • 업무수행 방해요인
국제감각	직장 생활을 하는 중에 다른 나라의 문화를 이해하고 국제적인 동향을 이해하며 이를 업무에 활용하는 능력	• 세계화의 개념 및 국제감각의 필요성 • 다른 나라 문화 이해방법 • 국제동향 파악방법 • 국제매너의 중요성 및 예시

사례 연구 1

조직에서 부여한 개인의 역할과 책임을 수행하기 위해서는 조직이해능력이 중요하다. 〈사전평가〉 측정항목과 관련하여, 다음 사항에 대한 자신의 의견을 정리하고, 그 결과를 팀원과 공유하시오.

❶ 〈사전평가〉에 제시된 각 항목에 대한 자신의 현재수준을 객관적으로 평가하시오.

❷ 본인의 평가결과를 낮음, 보통, 높음의 세 수준으로 분류하시오.

❸ 낮음과 높음으로 평가한 항목에 대해 그 이유를 제시하시오.

02 경영환경의 변화와 조직의 적응전략

최근 조직을 둘러싸고 있는 환경이 끊임없이 변화하고 있으며, 그 변화의 속도도 점점 빨라지고 있다.

1) 경영환경의 변화

2011년 독일 정부는 국가의 변화와 미래전략을 추진하기 위한 혁신방안으로

〈High Tech Strategy 2020〉을 마련하였다. 이 보고서에서 독일 미래전략의 10대 핵심 프로젝트 중의 하나로 제4차 산업혁명이라는 용어가 제시되었다. 이후 2016 세계경제포럼(World Economic Forum)의 의제로 제4차 산업혁명이 채택되면서 세계적으로 그 영향력을 확대하게 되었다. 인공지능(AI), 빅데이터, 사물인터넷(IoT), 클라우드 등으로 대표되는 제4차 산업혁명은 인류의 미래 삶을 지배하게 될 키워드가 되었다. 그동안의 산업혁명의 발달 과정은 그림 1-2 와 같다.

그림 1-2 산업혁명의 발달 과정

자료: 미래창조과학부 블로그(https://blog.naver.com/with_msip/220658572480)

조직은 생존을 위해 정치 · 경제 · 사회 · 문화와 같은 외부 환경과 상호작용하면서 끊임없이 변화에 적응해 가는 하나의 유기체이다. 따라서 조직을 이해하기 위해서는 조직을 둘러싼 외부 환경에 대해 탐색해 보는 것이 중요하다. 이에 대해 간략하게 알아본다.

먼저 정보통신기술의 발달에 따라 대표적인 경영자원인 자본(investment), 정보(information), 인적자원(individual)을 포함하여 산업(industry)이라는 이른바 4I의 국가 간 이동이 자유롭게 이루어지는 세계화를 들 수 있다. 적어도 경제 측면에서는 공간적 개념이 사라진 세계라고 할 수 있다.

둘째, 산업과 기술의 융 · 복합에 따라 다양한 제품과 서비스가 출시되고 있으며, 이는 제품수명주기는 물론 인간생활의 패턴(마음쏠림)도 단축시키고 있다. 이런 PLC(product & people life cycle)의 단축현상은 시간, 즉 스피드(speed)를 중요한 경영자원으로 인식하게 하였다.

그리고 국가 간 빈부 격차, 급격한 도시화에 따른 지역 격차, 고령화에 따른 노인과 청년세대 간 인식 격차, 여성의 경제활동 참여 확대에 따른 성 역할 인식 격차, 정보 접근성 격차 등과 같은 다양한 격차가 심화되면서 정치 · 경제 · 사회적 갈등이 현안과제로 급부상하고 있다.

사례 연구 2

[미리보기] 사례에서와 같이 최근 모바일 인터넷, 로봇틱스, 신생에너지, 생명공학 등 인류와 조직의 미래에 영향을 미치는 기술의 급격한 변화가 진행되고 있다. 다음 이슈에 대한 자신의 의견을 정리하고, 그 결과를 팀원과 공유하시오.

❶ 인공지능기술의 발달은 궁극적으로 인류에게 어떤 영향을 미칠 것이라고 생각하는가? 그 이유는 무엇인지 근거를 가지고 자신의 의견을 제시하시오.

❷ 포털 사이트에 '직업'을 검색해보면 연관검색어로 '미래직업 전망', '직업적성테스트' 등 많은 사람들이 일반적으로 궁금해 하는 단어들이 나온다. 미래에 사라질 직업과 새로 등장할 직업에 대해 조사하여 그 결과를 정리하시오.

❸ 기업환경의 변화를 흔히 조정경기와 래프팅경기에 비유하여 설명한다. 과거의 경영환경을 조정경기, 현재의 경영환경을 래프팅경기에 비유하는 것이다. 이러한 비유에 담긴 구체적 현상에 대해 다음의 항목을 중심으로 의견을 제시하시오.

조정경기	토의항목	래프팅경기
	경기장 환경	
	우승조건	
	리더의 역할	
	구성원의 역할	

〈조정 경기〉

〈래프팅 경기〉

2) 조직의 적응전략

기업평가 사이트 CEO스코어에 따르면 표 1-2 에서 보는 바와 같이 IMF 외환위기 당시인 1998년 한국의 30대 그룹 가운데 19곳이 2020년 현재 해체되거나 30위권 밖으로 밀려난 것(탈락)으로 집계됐다. 대기업 그룹의 63%가 20년이 지난 현재, 당시 재계 순위를 유지하지 못한 것이다.

표 1-2 IMF 외환위기 이후 30대 그룹의 재계 순위 변화

1988년		2020년		비고
1	현대	2	현대차	분할
		9	현대중공업	
		22	현대백화점	
2	삼성	1	삼성	↑1
3	대우	–	–	해체
4	LG	4	LG	분할
		8	GS	
		16	LS	
5	SK	3	SK	↑2
6	한진	14	한진	분할
7	쌍용	–	–	해체
8	한화	7	한화	↑1
9	금호	20	금호아시아나	분할
10	동아	–	–	해체
11	롯데	5	롯데	↑6
12	한라	–	–	탈락
13	대림	18	대림	↓5
14	두산	15	두산	↓1
15	한솔	–	–	탈락
16	효성	26	효성	↓10
17	고합	–	–	해체
18	코오롱	–	–	탈락
19	동국제강	–	–	탈락
20	동부	–	–	탈락
21	아남	–	–	탈락
22	진로	–	–	해체
23	동양	–	–	해체
24	해태	–	–	해체
25	신호	–	–	해체
26	대상	–	–	탈락
27	뉴코아	–	–	해체
28	거평	–	–	해체
29	강원산업 (현 삼표)	–	–	탈락
30	새한	–	–	해체

자료: CEO스코어

사례 연구 3

경영환경의 변화에 따라 수 없이 많은 조직들이 새로 만들어지거나 사라진다. IMF 외환위기는 한국의 재계지도를 바꿔놓았다. 다음 질문에 대한 자신의 의견을 정리하고, 그 결과를 팀원과 공유하시오.

❶ 표 1-2 의 자료에서 외환위기 이후 해체된 11개 그룹과 30대 그룹에서 탈락하면서 현재 재계 순위가 20년 전보다 뒤로 처지게 된 8개 그룹은 어디인가? 이와 같은 그룹의 해체, 탈락 이유는 무엇이라고 생각하는가?

❷ 표 1-2 의 자료에서 외환위기 이후 재계순위가 올라간 그룹은 어디인가? 그 이유는 무엇이라고 생각하는가?

❸ 외환위기 이후 포스코(6), 농협(10), 신세계(11), KT(12), CJ(13), 부영(17), 대우조선해양(29), 미래에셋(21), 카카오(23), 교보생명보험(25), 영풍(28), KT&G(30), 한국투자금융(24), 하림(27) 등 14곳이 새롭게 30대 그룹에 새로 진입하였다. 이들 그룹의 신규 진입 이유는 무엇이라고 생각하는가?

사례 연구 4

조직구조의 혁신으로 포털사이트의 1위가 된 네이버

네이버 독주의 가장 큰 성공 배경은 바로 2002년에 시작한 지식검색 서비스인 '지식 iN'이다. 지식 iN 서비스는 고객의 니즈를 잘 파악하여 반영한 서비스라고 볼 수 있다. 당시 포털사이트 사용자들은 한국어로 된 콘텐츠의 양이 부족하여 자신들이 원하는 정보를 찾기가 매우 어려웠다. 이러한 고객의 니즈를 파악한 네이버는 '고객들이 얻고 싶어 하는 정보를 쉽고 빠르게 그리고 다양하게 전달하는 콘텐츠를 만들자'고 하였고, 그 결과 고객들이 스스로 지식을 공유할 수 있는 지식 iN 서비스를 만들게 되었다. 하지만 정보의 양이 많아진 만큼 왜곡된 정보가 퍼지거나, 흥미 위주의 정보에 치우치는 경향이 나타났다. 이에 네이버는 전문가 답변을 서비스에 추가하고 '파워 지식 iN' 선정 등을 통해 문제점을 보완해 나갔다. 지식 iN 서비스가 성공적으로 정착한 후에도 업계 최초로 실시한 '실시간 검색순위'기능, 웹툰 서비스, 스포츠 중계 등 소비자들이 원하는 다양한 콘텐츠를 개발하여 제공하였다. 네이버가 업계 선두로 올라선 이유는 단순히 고객이 원하는 다양한 콘텐츠 제공뿐만이 아니라 조직구조의 혁신에서도 찾아볼 수 있다. 네이버는 다른 기업들과 다른 조직구조 형태를 가지고 있다. 바로 'Cell 조직' 형태이다. 네이버는 개별 사업으로 글로벌 진출이 가능하다고 판단된 네이버 웹툰, 동영상, 사전, 클라우드 등의 분야를 'Cell'이라는 독립조직으로 분리하였다. 관료제적 성향이 짙었던 팀제 내에서의 수직적 의사결정을 구성원 전체가 할 수 있는 형태로 바꾼 것이다. 'Cell 제도' 내에서는 연중행사나 프로젝트에 따라 유연하게 조직 형태를 바꿀 수 있다. 그 때문에 예측하지 못한 상황에도 신속하게 반응을 할 수 있었으며 직책에 얽매이지 않아 구성원 모두가 자신의 의결을 피력할 수 있었다. 또한, 직급이나 연공에 상관없이 각 'Cell'의 리더가 선출되어 수직적인 구조가 아닌 구성원들과 논의하여 원하는 방향으로 의사결정이 손쉽고 빠르게 이루어질 수 있도록 변화를 꾀하였다. 현재는 'Cell 제도'를 거쳐 CIC(Company iN Company) 형태로 변화하였다. 네이버는 매해 시장 변화에 빠르게 대응해야 하거나 중요하다고 판단되는 과제를 담당하는 조직을 프로젝트로 운영하고 있다.

출처 : 소비자평가(2018.04.09).

사람과 마찬가지로 조직도 생로병사(生老病死)의 과정을 거친다. 조직은 창립한 이후 탄생기, 성장기, 성숙기, 쇠퇴기를 거치면서 성공과 실패의 경험을 하게 된다. 그리고 언젠가는 역사의 뒤안길로 사라진다. 조직은 생존기간을 연장시키기 위해 환경변화에 따라 조직의 핵심가치와 전략·구조 등을 변화시켜 환경에 적응해 나간다. 조직의 변화적응방향은 고객지향성, 수평조직화, 네트워킹과 협업, 유연성 확대, 그리고 학습지향성의 다섯 가지로 요약할 수 있다.

(1) 고객지향성

고객지향성은 고객의 입장에서 생각하고 고객의 욕구나 가치를 효과적으로 충족시킬 수 있도록 조직을 설계하고 관리하는 것을 의미한다. 다시 말해 고객욕구에 신속하게 대응할 수 있는 유연한 조직, 고객지향적 조직으로 전환하는 것을 말한다. 고객의 개념도 ICT 및 운송기술 발달과 함께 국내에서 글로벌시장으로 급속히 확대되고 있다.

(2) 수평조직화

조직의 구조는 지시·명령 중심의 일방적 소통에 의한 수직적 관리조직에서 자율·협의 중심의 쌍방향 소통에 의한 수평적 관리조직인 팀제로 전환되고 있다.

예측하기 어렵고 불확실한 상황이 전개되는 경영환경에서는 공식적 절차보다는 상황에 따라 현장 실무담당자 간의 자율적 협의에 의한 유연한 대응이 바람직하다.

(3) 네트워킹과 협업

기업경영에 있어 아웃소싱이 보편화되고 있다. 아웃소싱(outsourcing)은 조직이 핵심기능만을 보유하고 지원기능이나 부가적인 기능은 그 일을 더 잘하거나 유리한 조건으로 서비스할 수 있는 외부 조직에 의뢰함으로써 경영효율을 높이는 것이다. 이를 위해서는 상호 신뢰에 바탕을 둔 내 · 외부 조직과의 긴밀한 네트워크 관계와 협업이 중요하다.

(4) 유연성 확대

유연성 확대는 성과에 따른 보상의 차별화와 고용 안정성의 감소를 의미한다. 임금제도는 생애급 성격의 호봉제에서 변동급 성격의 연봉제와 성과급 중심으로 유연화되고 있다. 또한 정년 연장의 필요성이 있음에도 실제 기업 현장에서는 퇴직연령이 낮아짐에 따라 고용 불안정성이 증가하고 있다. 평생직장의 시대는 가고 평생직업의 시대가 온 것이다.

(5) 학습지향성

학습지향성은 조직구성원에게 학습동기를 촉진하고 이를 실행할 수 있도록 학습조직화하는 것을 말한다. 임직원들의 체계적 교육 및 경력개발시스템을 통해 개인의 성장을 지원하는 한편, 개인의 지식 · 정보를 팀의 지식 · 정보로, 팀의 지식 · 정보를 조직 전체의 지식 · 정보로 확산시키는 것을 말한다. 이는 평생직업의식의 확산과 더불어 중요한 이슈로 부각되고 있다.

03 조직원으로서의 리더와 팔로워

조직은 리더와 팔로워라는 구성원으로 이루어진다. 리더와 팔로워에게는 그에 적합한 역할과 책임이 부여되며, 각자 자신의 역할과 책임을 수행함으로써 조직의 공동목표를 달성할 수 있다. 기본적으로 리더는 방향 제시, 의사결정, 관리와 이끎의 세 가지 역할을 수행한다. 팔로워는 정보 · 대안의 제시, 참여, 보좌와 추종이라는 역할을 수행한다.

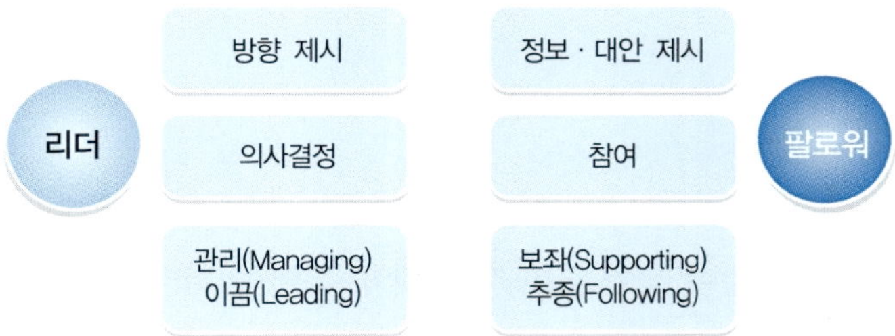

그림 1-3 리더와 팔로워의 역할

1) 리더의 책임

리더(leader)는 그(녀)에게 부여된 권한과 개인의 전문성, 그리고 신뢰를 바탕으로 조직구성원(들)에게 영향력을 행사함으로써 조직의 성과를 달성하게 하는 사람이다. 리더는 세 가지의 기본 책임을 짊어지게 되는 어려운 자리이다.

먼저, 리더는 조직생존에 필수적인 성과 달성의 책임을 진다. 이는 대부분 재무적 성과와 연계되는 책임으로 매출 · 이익 목표, 원가절감 목표 등과 직 · 간접적으로 연계되어 있다. 둘째로, 리더는 구성원들의 역량을 개발해야 할 책임이 있다. 치열한 경쟁 환경에서 살아남으려다 보니 잊고 살거나 인식을 못할 뿐이지 구성원

육성은 리더에게 부여된 중요한 책임 중 하나이다. 끝으로, 리더는 구성원들이 즐겁게 일할 수 있는 분위기를 조성하고 유지해야 할 책임을 진다. 조직에서 리더의 얼굴표정과 언행은 근무 분위기에 커다란 영향을 미친다. 이 세 가지 책임을 잘 해낸다는 것이 대단히 어렵다. 능력은 물론이고 웬만한 인내와 끈기가 없으면 해낼 수가 없다. 준비 안 된 사람이 결혼을 하면 여러 사람이 힘들 듯, 준비 안 된 사람이 리더가 되면 여러 사람이 고통과 자괴감 속에서 살게 된다. 조직의 리더, 그것은 개인의 욕심(권력욕 · 명예욕)만으로 할 자리가 아니다. 가치관과 신념이 부족하거나, 역량이 안 되면 차지해서는 안 될 자리이다. 그것이 본인을 위하는 길이고 여러 사람을 평안하게 하는 길이다. 조직의 리더에게는 성과달성의 책임, 육성의 책임, 관계의 책임이 따른다는 것을 명심하자.

2) 팔로워의 책임

"국민은 꼭 자기 수준에 맞는 지도자를 갖게 되어 있다." 처칠이 한 말이다. 이는 팔로워(follower)의 수준이 높아져야 리더의 질도 높아진다는 의미이다. "남을 따르는 법을 알지 못하는 사람은 좋은 지도자가 될 수 없다." 아리스토텔레스가 한 말로, 훌륭한 팔로워가 훌륭한 리더가 될 수 있다는 의미이다.

사실 조직에는 팔로워들의 숫자가 리더와 비교가 안 될 만큼 많고, 조직의 성과에 기여하는 바에 있어서도 전체 성과의 80% 이상이 되므로 리더십보다는 팔로워십을 더 연구해야 한다는 주장이 있다. 경영학자 켈리(Kelly)가 그 중심에 있으며, 그는 바람직한 팔로워의 두 가지 기준을 제시했다. 먼저, 팔로워는 독립 · 비판적인 사고(independent, critical thinking)를 해야 한다는 것이며, 두 번째는 조직에서 결정된 일을 추진하는데 적극적(active)으로 참여해야 한다는 것이다. 켈리에 따르면 모든 팔로워는 이 두 가지 사고와 행동 기준에 적합하도록 노력함으로써 조직 성과 달성에 기여할 수 있다고 한다. 켈리가 제시한 팔로워의 두 가지 사고와 행동 요인을 실무적 관점에서 구체적으로 설명하면 표 1-3 과 같다.

표 1-3 팔로워의 사고와 행동

독립적 · 비판적 사고	적극적(참여적) 행동
현장의 이슈 · 문제에 대해 상세히 파악한다(5W1H 데이터 유지).	주인의식(ownership)을 가지고 의사결정과정에 적극적으로 참여한다.
이슈 · 문제의 원인분석과 해결을 위한 새로운 아이디어를 제시한다.	이슈 · 문제해결을 위한 실행과정에 주도적으로 참여한다.
다양한 소통 채널을 통해 자신의 의견을 표명한다. 아이디어를 공유하고 건설적 비판을 한다.	목표는 꼭 달성한다. 한번 시작한 일은 끝을 본다.

3) 프로페셔널의 조건

조직구성원으로서 리더와 팔로워는 각자의 경쟁력을 유지 · 개발함으로써 조직의 존속과 성장에 기여하여야 한다. 직업인으로서 프로페셔널의 조건은 다음과 같다.

- 자기분야에서 만큼은 전문가가 된다.
- 지식과 전문성에도 유통기한이 있다. 학습을 통해 지속적으로 자기개발을 한다.
- 네트워크(network)가 재산이고 경쟁력이다. 직장 밖의 사람들과 교류를 함으로써 세상을 보는 안목과 실력을 높인다.
- 열정은 전염된다. 열정적인 사람들과 교류한다.
- 책을 많이 읽는다. 독서는 삶의 지평을 넓혀준다.
- 일하는 방법을 개선하기 위해 연구한다. 비슷한 일을 비슷한 방법으로 계속하며 나아지기를 기대하는 것은 어리석은 일이다.
- '아니다' 싶은 생각이 지속된다면 용기와 결단을 내린다. 세상을 살아가는 데는 여러 가지 길이 있다.

학습평가

01 **다음은 인간의 삶을 결정하는 세 가지 요인에 대한 설명이다. (　　) 안에 들어갈 적절한 용어를 적으시오.**

> 인간의 삶을 결정하는 세 가지 요인은 시간과 공간, 그리고 (　　　)이다. 이런 세 가지 요인은 일을 매개로 하여 연결된다.

02 **다음 중 조직이해능력의 하위능력이 아닌 것은 무엇인가?**

① 경영이해능력
② 문제해결능력
③ 업무이해능력
④ 국제감각

03 **다음 설명 중 올바른 내용에는 ○을, 틀린 내용에는 X를 표시하시오.**

① 제4차 산업혁명은 2016 세계경제포럼의 의제로 채택되면서 처음으로 알려지게 되었다. (　　)
② 조직의 리더에게는 성과달성의 책임, 육성의 책임, 관계의 책임이 따른다. (　　)
③ 팔로워는 독립 · 비판적인 사고를 하고, 일을 추진하는 데 적극적으로 참여해야 한다. (　　)

04 산업혁명 역사에 대한 설명을 올바르게 연결하시오.

① 제1차 산업혁명 •	• A. 전기에너지 기반의 대량생산 혁명
② 제2차 산업혁명 •	• B. 컴퓨터와 인터넷 기반의 지식정보 혁명
③ 제3차 산업혁명 •	• C. 증기기관 기반의 기계화 혁명

05 생존을 위해 경영환경 변화에 적응하기 위한 조직의 대응전략에 대해 설명하시오.

학습 내용 요약

1. 인간의 삶은 언제, 어디서, 누구를 만나 무슨 일을 하느냐에 따라 결정된다.
2. 조직이해능력은 직업인이 직장생활을 하는 데 요구되는 조직의 경영과 체제를 이해하고 이에 기초하여 자신의 업무특성을 파악하며, 국제적인 감각을 기르는 능력이다.
3. 제4차 산업혁명과 더불어 세계화에 따른 4I의 국가 간 자유로운 이동, PLC 단축에 따른 스피드(speed)의 경영자원화, 정치 · 경제 · 사회적 격차에 따른 다양한 갈등의 심화 등이 경영환경의 변화를 촉진하고 있다.
4. IMF 외환위기는 한국의 재계지도를 바꿔놓았다. 1998년 한국의 30대 그룹 가운데 19곳이 2017년 현재 해체되거나 30위권 밖으로 밀려났다.
5. 조직의 변화적응 방향은 고객지향성, 수평조직화, 네트워킹과 협업, 유연성 확대, 그리고 학습지향성의 다섯 가지로 요약할 수 있다.
6. 조직의 리더에게는 성과달성의 책임, 육성의 책임, 관계의 책임이 따른다. 팔로워는 독립 · 비판적인 사고를 하고, 일을 추진하는 데 적극적으로 참여해야 한다.

Memo

CHAPTER

02 조직의 개념과 유형

Contents

학습목표

1. 조직의 개념과 유형을 설명할 수 있다.
2. 조직에 참여하는 이유를 설명할 수 있다.
3. 직업의 정의와 성립조건을 설명할 수 있다.
4. 조직과 개인의 관계를 설명할 수 있다.

주요 용어

조직의 개념	조직에 참여하는 이유	조직의 유형
직업의 정의	직업의 성립조건	노동계약

미리보기

고정민 대리는 자동차 회사에 다니고 있다. 월요일부터 금요일까지 아침 9시가 되면 어김없이 출근해서 12시까지 일을 하고 점심을 먹는다. 점심식사 이후에 오후 1시부터 6시까지 하루 8시간 근무를 한다. 고 대리가 하는 일은 조립된 자동차의 안전점검을 하는 일이다. 고 대리는 자동차 안전점검을 보다 잘 수행하기 위하여 관련 매뉴얼을 읽고 암기하며, 인터넷 동호회에 가입해서 노하우를 공유하기도 한다. 이렇게 한 달을 열심히 일하면 매달 25일에 통장으로 월급이 꼬박꼬박 찍혀 나온다. 그리고 성과를 고려하여 1년에 2번씩 성과급이 나온다. 고 대리의 일은 전체 조직에서 보면 작은 업무에 불과하지만 그 누구보다 성실하게 수행함으로써 '올해의 성실직원 상'을 받기도 하였다. 그는 만족감을 느끼면서 나름 열심히 살아가고 있다.

부산 동주대 메이크업학과에 재학 중인 유지영 씨는 원래 특성화고를 졸업하고 중공업 회사에서 기계설계사로 일했다. 하지만 이른 나이에 취업한 데 따른 부담이 컸다. 더 늦기 전에 자신이 하고 싶은 일을 해야겠다 싶어 회사를 그만두고 동주대에 입학했다.

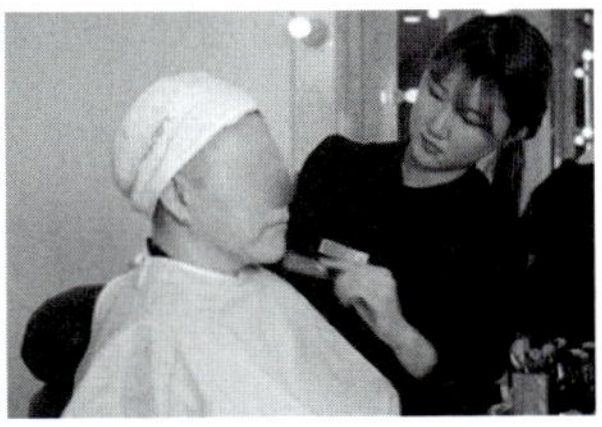

대학에 왔지만 어떻게 취업을 할지는 고민스러웠다. 이에 그녀는 친구들과 팀을 만들어 청년취업 아카데미 프로그램 중 하나인 '창직 어워드'에 참여했다. 그녀가 참여한 팀은 창직 어워드에서 '암 환자 뷰티관리사'라는 아이디어로 대상을 수상했다. 항암치료를 받느라 외모에 자존감이 떨어진 암 환자들의 미용을 전문적으로 관리해주는 '직업'을 아이디어로 낸 것이다. 팀원들과 아이디어 회의를 하다가 우연히 팀원의 어머니가 암 투병을 하고 있다는 사실을 알았고, 암 환자들도 미용에 관심이 많다는 점에 착안했다.

한국산업인력공단은 한국화장품상담전문가협회와 전문가들을 소개해 체계적인 창직이 가능하도록 지원했다. 협회는 실제 이들과 함께 암 환우 뷰티관리사에 대한 자격시험 신설을 추진 중이다.

제2장에서는 조직의 개념과 유형, 개인이 조직에 참여하는 이유에 대하여 학습한다. 또한, 직업의 정의와 성립조건에 대해 살펴본 후, 노동계약의 형태인 조직과 개인의 관계에 대해 탐구한다.

01 조직과 직업

1) 조직의 개념과 관련 용어

우리의 삶은 조직과 밀접하게 관계되어 있다. 우리는 병원에서 태어나고, 학교를 다니며, 직장생활을 하고, 정부에 세금을 납부한다. 건설회사에서 지은 집에 살며, 은행에 가서 금융 업무를 본다. 모든 사람은 하나 이상의 조직에 속해 있으며, 조직에 영향을 미치거나 받고 있다. 프레스튜스(Robert V. Presthus)는 현대사회를 조직사회(organizational society), 현대인을 조직인(organizational man)이라고 하였다.

(1) 조직의 개념

조직은 공동목적을 달성하기 위해 두 사람 이상이 모여 체계화된 시스템 속에서 상호작용하며 경계를 가지고 외부환경에 적응하는 집단이다.

① 공동목적

모든 조직은 공동목적(common goal)을 가지고 있으며 조직구성원은 공동목적을 달성하기 위하여 노력한다.

② 체계화된 시스템

조직은 공동목적을 달성하기 위한 조직구조와 제도 · 규칙, 그리고 개인별 역할과 책임 등에 대한 체계화된 시스템이 존재한다.

③ 상호작용

조직은 협력의사(willingness to cooperate)를 가지고 구성원 간, 부문(부서) 간에 원활한 의사소통(communication)을 통해 상호작용한다.

④ 조직의 경계

조직은 경계를 통하여 조직 내의 요소와 조직 외의 요소로 구분하고 누가 조직 구성원이며, 누가 조직 외의 사람인가를 구분한다. 조직 밖의 사람들은 조직에 대한 권리와 의무가 없다. 즉, 조직은 경계를 분명히 함으로써 다른 조직과 구별할 수 있는 집단을 형성한다.

⑤ 환경에의 적응

모든 생명체가 환경의 변화에 계속적으로 적응할 수 있어야 살아남을 수 있는 것과 마찬가지로 조직도 환경변화에 지속적으로 적응하여야 존속할 수 있다. 이외에도 조직은 정부 정책이나 사회적 압력과 요구를 적절히 수용하고, 이에 대처할 수 있어야 존속하고 성장할 수 있다.

비행기 안에는 승객 그룹과 승무원 그룹의 두 집단이 탑승한다. 여기서 승객 그룹은 조직이 아니다. 그러나 승무원 그룹은 조직이라고 할 수 있다. 표 2-1 를 보면 두 집단의 차이를 명확히 알 수 있다. 우리는 단순히 사람들이 모여 있다고 해서 조직이라고 하지는 않는다. 그런데 단순 집단에 불과하던 승객 그룹이 조직이 되기도 한다. 비행기가 사고로 무인도에 불시착한 경우를 들 수 있다. 이때는 승객 그룹도 조직이 갖추어야 할 조건을 갖추며, 생존을 위해 서로 협력하게 된다.

표 2-1 조직 관점에서 본 승객과 승무원의 차이

승 객	구 분	승무원
없음(개인별 탑승 목적 다름)	공동목적	목적지 도착(정시 · 안전 · 편안)
금지(전자기기 사용 제한)	외부환경과의 상호작용	긴밀(기상청 · 관제소 · 세관 등)
없음	조직구조와 시스템	구조 · 제도 · 규정 · 절차 · 장비 보유
없음	합의된 역할과 책임	기장 · 부기장 · 사무장 · 스탭의 R&R, 매뉴얼 존재
중요하지 않음	상호작용(협력과 소통)	중요

승 객	구 분	승무원
없음	조직의 경계	항공사 직원과 외부인 구분
2인 이상	구성원 수	2인 이상

한편, 기업은 우리가 직장생활을 하는 대표적인 조직으로, 자본 · 노동 · 물자 · 기술 등의 경영자원을 투입하여 제품이나 서비스를 산출하는 기관이다. 기업은 최소비용으로 최대효과를 얻음으로써 이윤을 극대화하기 위한 영리조직이다.

최근에는 기업의 생존과 장기적 존속(going concern)을 위해 이윤 창출만을 목적으로 하기보다는 사회공헌, 고객만족과 같은 가치지향적 활동을 확대하고 있다. 또한, 지식정보화 시대에 따라 인간의 창조적인 지적 활동이 혁신과 가치창출에 중요하다는 인식에 따라 구성원들의 역량개발을 위한 노력을 증진하고 있다.

(2) 조직 관련 용어

① 직위

직위(position)는 개인이 과업을 수행함에 있어서 그에게 지워져 있는 의무나 책임을 포함한 일체의 정신적 · 육체적 활동의 총체를 뜻한다. 직위의 수는 구성원의 수와 동일하다.

② 직급

직무의 종류, 난이도, 권한, 역할과 책임의 정도가 비슷한 직위를 한 데 묶어 분류(job classification)한 것이다. 과거 연공중심의 인사관리 체계에서 1급, 2급, 3급, 4급, 5급으로 서열화되며 그 수준을 나타내는 호칭으로 부장, 차장, 과장, 대리 등의 용어가 직급 호칭을 나타냈다. 최근 직무중심의 인사관리에서는 과장, 차장, 부장 등의 용어는 호칭으로만 사용하는 경우가 대부분이다.

③ 직책

직책(responsibility of office, title)은 개인이 담당하고 있는 보직과 책임을 나타낸다. 일반적으로 직책은 조직과 직접 관련되며 담당업무에 대한 결재권과 인사권이 부여되고 대표이사, 부문장, 본부장, 팀장, 파트장 등이 해당된다.

많은 조직에서 팀제를 도입하면서 과장급 팀장, 부장급 팀원과 같은 현상이 발생하고 있다. 이것은 직책은 팀장이지만 직급은 과장인 A라는 사람(직위)이, 자기보다 직급이 높은 부장급의 B라는 사람(직위)을 팀원(직무책임자)으로 두고 있는 경우이다. 과거의 상사가 현재 · 미래의 부하직원이 될 수도 있는 시대이다. 직장생활을 하다보면 이와 같은 참기 어려운 상황을 목격하기도 하고, 당사자가 되기도 한다. 직장생활은 결코 만만하지 않다. '조직의 쓴 맛' … 현실에 분명히 존재한다.

2) 조직에 참여하는 이유

조직은 일반적으로 재화나 서비스의 생산이라는 경제적 기능과 조직구성원들에게 소속감과 만족감을 충족시키는 사회적 기능, 그리고 도전과 성취감을 주는 정신적 기능을 갖는다. 조직의 경제적 기능은 의식주 해결과 안정적 생활을 바라는 인간의 기본적 욕구(존재욕구)를 충족시켜 준다. 조직의 사회적 기능은 사람들과 우호적 관계(사랑 · 인정 · 존중)를 맺고 싶어 하는 인간의 욕구(관계욕구)를 충족시켜 준다. 조직의 정신적 기능은 자신만의 삶의 가치를 실현하고자 하는 인간의 욕구(성장욕구)를 충족시켜 준다. 우리는 직업과 직장생활을 통해 이와 같은 세 가지 욕구를 실현하고자 한다.

표 2-2 조직의 기능과 인간의 욕구 충족

조직의 기능	인간의 욕구 충족
경제적 기능	재화 · 서비스 생산을 통해 존재욕구 충족
사회적 기능	소속감 · 만족감을 통해 관계욕구 충족
정신적 기능	도전 · 성취감을 통해 성장욕구 충족

사례 연구 1

다음은 사람들이 조직에 참여하는 이유를 나열한 것이다. 조직에 참여하는 이유를 보고 다음 사항에 대한 자신의 의견을 정리하고, 그 결과를 팀원과 공유하시오.

(1) 연봉
(2) 회사에 대한 사회적 평판
(3) 회사의 경영철학과 비전
(4) 상사와의 관계
(5) 동료 · 부하와의 관계
(6) 일을 통한 성취감
(7) 직위와 승진 가능성
(8) 일을 통한 즐거움(재미)
(9) 하고 싶은 일(꿈과의 연계)
(10) 능력 개발을 위한 학습시스템
(11) 쾌적한 근무환경
(12) 회사 위치
(13) 복리후생
(14) 고용안정성
(15) 상호인정과 존중
(16) 조직문화
(17) 근무시간
(18) 일에 대한 미래전망
(19) 일에 대한 사회적 평가
(20) 일을 통한 사회적 공헌
(21) 노동강도

❶ 조직에 참여하는 21가지 이유를 존재욕구, 관계욕구, 성장욕구의 세 가지 범주로 분류하시오.

❷ 자신은 회사나 조직을 선택하는 기준으로 무엇이 중요하다고 생각하는가? 5가지를 고르시오. (위에 없는 기준을 제시해도 관계없음)

❸ [미리보기] 사례에서와 같이 우리는 이미 존재하는 조직에 참여함으로써 조직생활을 할 수도 있지만(취업), 기존에 없던 새로운 직업을 만들어(창직) 프런티어(frontier)가 될 수도 있다. 당신은 어떤 삶을 선택하고 싶은가? 그 이유는 무엇인가?

3) 직업의 정의와 성립조건

(1) 직업의 정의

직업은 직(職)과 업(業)으로 구성된 개념이다. 여기서 직은 "직분을 맡아 행한다"는 사회적 역할을 말한다. 업은 "생계를 유지하기 위하여 전념하는 일"이라는 뜻이다. 따라서 직업은 '사회적 책무'이면서 동시에 '생계유지를 위한 노동행위'라는 이중적 의미를 포함한다.

직업은 vocation, calling, 그리고 occupation 등으로 표현된다. 여기서 vocation과 calling은 소명으로 직업의 사회적 가치를 내포하고 있다. 한편, occupation에는 경제적 활동으로서 생계수단의 의미가 포함되어 있다. 이와 같이 직업은 사회 · 경제적 위치(position)를 표현함으로써 개인의 정체성을 나타내는 데 중요한 역할을 한다.

(2) 직업의 성립조건

직업으로 인정받기 위해서는 경제성, 계속성, 윤리성과 사회성 등의 세 가지 조건을 충족해야 한다.

① 경제성

직업은 경제적 거래 관계가 성립하는 활동을 수행해야 한다. 이런 맥락에서 무급 자원봉사나 학생의 학습활동은 직업으로 보지 않는다. 또한, 노력이 전제되지 않는 자연발생적인 이득, 즉 불로소득은 경제적 활동이나 직업의 결과로 보지 않는다.

② 계속성

직업은 유사성을 갖는 직무를 지속하여 수행하는 계속성을 가져야 한다. 일의 계속성이란 일시적인 것을 제외한 다음에 해당하는 것을 말한다.

- 매일, 매주, 매월, 분기별(계절적) 등 주기적으로 행하는 일
- 명확한 주기가 없더라도 계속적으로 행해지는 일
- 현재 하고 있는 일을 계속적으로 행할 의지와 가능성이 있는 경우

③ 윤리성과 사회성

윤리성은 반사회적인 활동을 통한 경제적 이윤추구는 직업 활동으로 인정되지 않는다는 것이다. 또한, 사회성은 사회적 공헌이나 가치를 전제로 한 직업 활동이어야 한다는 것이다.

(3) 프로직업인의 꿈과 직업, 직장

프로직업인은 평생 하고 싶은 일(직업)을 자신이 원하는 공간(직장)에서 하며 자신의 꿈과 비전을 달성하는 사람이다. 직업인에게 직장은 직업생활을 하는 물리적 장소이면서 동시에 심리적 안정을 느끼게 하는 공간이다. 물리적 장소는 외형적으로 건물의 형태를 가지고 있는 것을 의미하며, 업무를 처리하는 활동공간이기도 하다. 또한, 직장은 일을 하면서 만족을 느끼기도 하고, 불만과 좌절감을 경험하게 하는 무형의 심리적 공간이기도 하다. 한편, 직업은 일정한 지식과 기술을 가지고 장시간에 걸쳐 종사하는 일이다. 꿈과 비전은 자신이 궁극적으로 추구하는 삶의 가치이기도 하고 미래에 살고 싶은 바람직한 삶의 모습이기도 하다. 꿈과 비전은 자신의 미래 청사진이다. 꿈(비전)과 직업, 직장이 긴밀하게 연결되어 있는 삶은 곧 우리가 추구하는 삶의 방향이다.

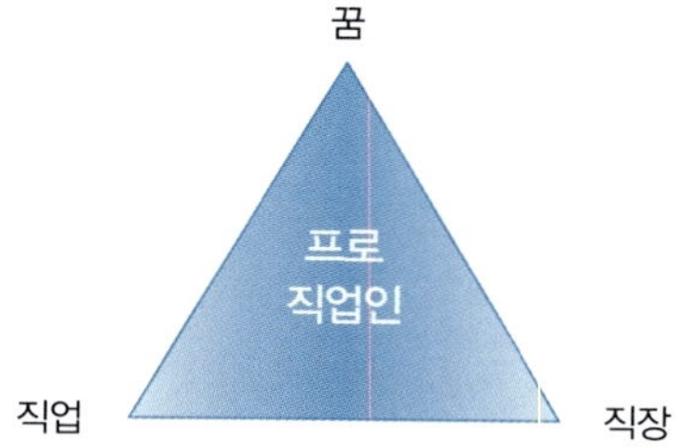

그림 2-1 프로직업인의 세 가지 요건

사례 연구 2

오전 8시에 눈을 떠 가볍게 목욕을 한 뒤 아침을 먹는다. 넥타이까지 단정하게 맨 정장 차림으로 정각 9시에 서재로 들어가 점심때까지 3시간 동안 집필에 몰두한다. 스무 살 때부터 세상을 떠날 때까지 60년 동안 이러한 일과를 반복했다. 이는 자신의 집필 작업을 '외로운 정신적 유희'라 말한 독일 작가 토마스 만의 이야기다.

❶ 토마스 만의 꿈과 직업은 무엇이고, 직장은 어디인가? 토마스 만의 사례를 통해 배울 수 있는 삶의 지혜는 무엇인가?
❷ 내가 원하는 직업은 무엇이며, 원하는 직장은 어디인가?, 그리고 그 이유는 무엇인가?
❸ 자신의 꿈과 비전은 무엇인가? 자신이 가장 원하는 직업인의 모습을 다섯 줄의 스토리로 써보시오.

02 조직의 유형

조직은 조직의 공식화, 영리성 추구, 규모 등에 따라 다양하게 분류된다. 조직의 유형을 구분하는 것은 조직의 성격과 활동을 이해하는 데 좋은 나침반이 된다. 우리 주위에서 볼 수 있는 조직으로는 정부, 기업, 학교, 병원, 군대, 가정, 경찰서, 연구소, 시민단체, 종교단체, 노동조합 등이 있다. 이러한 조직들은 어떠한 기준으로 구분할 수 있을까?

1) 공식조직과 비공식조직

먼저 조직은 공식화 정도에 따라 공식조직(formal organization)과 비공식조직(informal organization)으로 구분할 수 있다.

공식조직은 조직의 구조 · 기능 · 규정 등이 공식화되어 있는 조직을 의미하며, 비공식조직은 개인들의 협동과 상호작용에 따라 형성된 자발적인 조직을 말한다. 즉, 비공식조직은 인간관계에 따라 형성된 것으로, 조직이 발달해 온 역사를 보면 비공식조직으로부터 공식화가 진행되어 공식조직으로 발전해 간다. 조직의 규모가 커지면서 점차 조직구성원들의 행동을 통제할 장치를 마련하게 되었고, 이는 공식화를 의미한다. 그리고 공식조직 내에서 인간관계를 지향하면서 비공식조직이 새롭게 생성되기도 한다. 비공식조직은 바람직한 가치체계나 행동유형 등이 공유되면서 일체감을 느끼고, 자연스러운 인간관계가 형성되면서 공식조직의 기능을 보완해 주기도 한다.

2) 영리조직과 비영리조직

조직은 영리성을 기준으로 영리조직과 비영리조직으로 구분할 수 있다. 영리조직은 기업과 같이 이윤을 목적으로 하는 조직이며, 비영리조직은 정부조직을 비롯하여 공익을 추구하는 병원, 대학, 시민단체, 종교단체 등이 해당한다.

3) 대규모조직과 소규모조직

조직은 규모에 따라 대규모조직과 소규모조직으로 구분할 수도 있다. 정부는 기업의 자산규모와 매출액 등을 기준으로 중소기업, 중견기업, 대기업으로 구분하여 정책을 차별적으로 추진하고 있다.

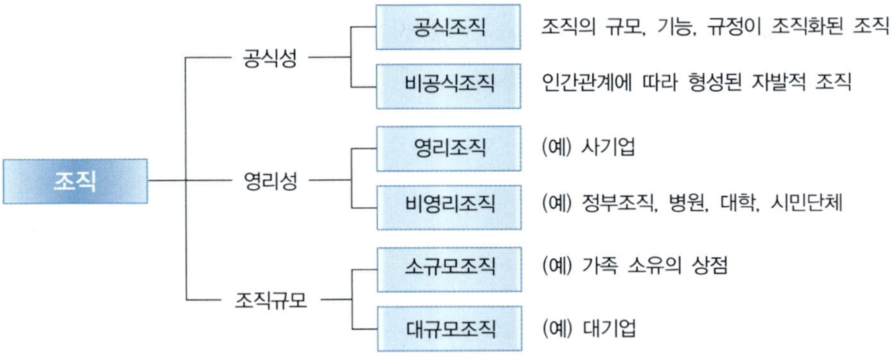

그림 2-2 조직의 유형

4) 공동사회와 이익사회

공동사회(gemeinschaft)는 보통 공동체(community)라고도 한다. 공동사회는 문화적 동질성에 기초하고 있으며 친밀성, 연속성, 신뢰성, 응집력 등의 특징을 나타낸다. 이익사회(gesellschaft)는 보통 기능체, 조직 혹은 회사로도 번역된다. 이익사회는 비인격적 사회관계에 기초하고 있으며 계약적 · 계산적 등의 특징을 나타낸다.

표 2-3 공동사회와 이익사회

	공동사회	이익사회
목 적	내적 목적(구성원의 만족)	외적 목적(이윤 · 고객만족 · 국방)
조직의 지향점	결속력, 동료의식	성과달성
조직의 추구가치	공평성, 편안함	효과성, 효율성, 가성비
인재 평가기준	인성, 인품	성과, 역량
대표적 조직	가족, 지역사회, 취미모임	기업, 관공서, 군(軍)

03 조직과 개인의 관계

조직은 사람들로 이루어진 집합체며, 개인은 조직을 구성하는 가장 기본 단위이다. 직업인들은 직장이라는 조직에서 하루 중 대부분의 시간을 생활하며, 조직에서 부여한 일을 하고(공헌) 그에 따라 월급(보상)을 받는다.

1) 노동계약 관계

조직생활은 조직과 개인의 공헌과 보상을 매개로 한 노동계약을 전제로 하며, 노동계약은 사회적 계약관계의 한 형태이다. 조직과 내가 주고받는 것은 무엇일까? 조직과 개인의 관계를 알아보자.

개인과 조직은 유기적인 관계를 맺고 있기 때문에 어느 한 쪽이 잘못되면 다른 한 쪽도 영향을 받는다. 개인은 조직에 필요한 지식 · 기술 · 경험 등 개인이 갖고 있는 여러 가지 자원을 제공한다. 조직은 구성원들이 해야 할 일을 정해 주고, 개인은 조직이 정해준 범위 내에서 업무를 수행한다. 조직의 목표에 어긋나거나 정해준 범위 외의 업무를 성취하게 되면, 오히려 조직에 불이익을 미치게 된다. 따라서 조직의 목표달성에 필요한 업무를 성취할 수 있는 개인의 역량(competency)이 중요하며, 이러한 개인별 역량의 결과가 조직의 성과로 이어진다.

개인이 자신의 역량을 활용하여 조직에 공헌을 하게 되면, 조직은 개인에게 보상을 제공한다. 보상에는 연봉 · 성과급과 같은 물질적 보상과 인정 · 칭찬 등의 비물질적 보상이 있다. 또한, 조직이 직접적으로 제공하는 보상은 아니지만 개인은 성공적으로 업무를 수행했을 때에 성취감을 느끼고 이를 통해 조직에 더욱 몰입하게 된다. 한편 조직에 대한 사회적 평판이나 브랜드 이미지가 개인에게 심리적 자부심을 느끼게도 한다. 그 조직의 구성원이라는 이유만으로도 사회적 보상을 받는 것이다.

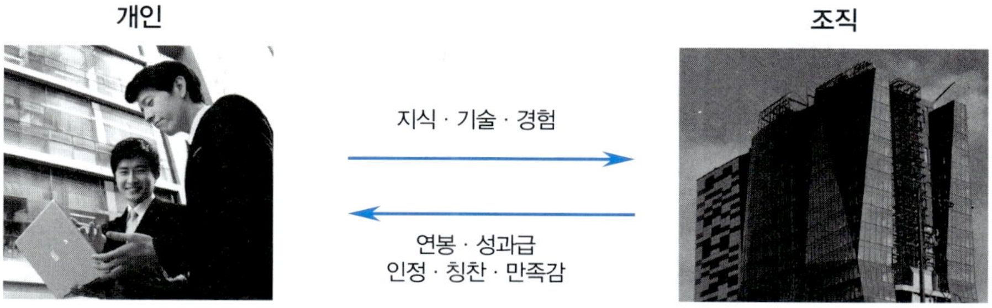

그림 2-3 개인과 조직의 관계

2) 직업인의 기본 태도

기업과 같은 조직에서는 공동의 목표달성이 제일 중요하다. 조직의 진정한 의미는 혼자 할 수 없는 가치 있는 일을 여러 사람이 함께 이루어가는 것이다. 즉, 조직원으로 일을 하는 이유는 혼자서도 할 수 있는 일을 단순히 모여서 하기 위함이 아니라, 혼자서는 할 수 없는 일을 서로 힘을 합해서 해내기 위함이다.

그러나 기업(조직)에 몸을 담고 있는 사람들 가운데서도 개인주의적 마인드를 가지고 있는 경우를 가끔 볼 수 있다. 자기의 발전에만 관심이 있거나 자기가 맡은 일만 잘하면 그것으로 할 바를 다했다고 생각하는 것이다. 그러나 조직에 속한 사람이라면 자기 일뿐만 아니라, 다른 사람이나 전체 조직에 대해서도 함께 생각하는 마음가짐이 필요하다. 만약에 개인의 발전이나 목표가 더 중요하고, 어떤 일을 같이 이루어나가는 데서 보람을 느끼지 못하는 사람이라면, 조직에 속해 있는 것보다는 개인적으로 일을 하는 것이 더 적합할 것이다. 이러한 관점에서 모든 조직구성원은 표 2-4 에 제시된 다섯 가지의 기본 태도를 가져야 한다.

표 2-4 직업인의 기본 태도

공동목표 인식	공동의 목표에 대해 명확히 인식한다.
존중과 이해	조직의 가치관을 공유하며, 서로 존중하고 이해한다.
공동체의식	구성원 서로에 대해 개별적 관심을 가지고 배려한다.

넉넉한 업무분장	상대방의 부족한 부분은 내가 채운다는 마음가짐을 가진다.
자발적 참여의식	전체 조직 활동에 대해 적극적이고 자발적으로 참여한다.

사례 연구 3

사람들은 다양한 조직과의 관계 속에서 살아간다. 직장뿐 아니라 가정도 하나의 조직이고, 종교단체, 동창회, 동아리, 각종 친목모임도 조직이다.

❶ 현재 내가 소속되어 있는 조직이나 자신과 밀접한 관계를 가지고 있는 조직 중에서 세 가지를 선택한 후 각 조직의 특성에 대해 살펴보시오.

조직명	조직목적	참여 동기	조직의 특성		
			공식화	영리성	규모
			□ 공식 □ 비공식	□ 영리 □ 비영리	□ 대규모 □ 중소규모
			□ 공식 □ 비공식	□ 영리 □ 비영리	□ 대규모 □ 중소규모
			□ 공식 □ 비공식	□ 영리 □ 비영리	□ 대규모 □ 중소규모

❷ 이들 조직에 자신이 주는 것(공헌)과 받는 것(보상)은 각각 무엇이 있는가?

조직명	내가 조직에 공헌하는 것(주는 것)	조직이 내게 보상하는 것(받는 것)

❸ 최근 주요 기업의 인재상은 무엇인가? 직장인에게 요구되는 역량은 무엇이라고 생각하는가?

학습평가

01 다음은 조직에 대한 설명이다. (   )안에 들어갈 적절한 용어를 적으시오.

> 조직은 (   )을 달성하기 위해 두 사람 이상이 모여 체계화된 시스템 속에서 상호작용하며 경계를 가지고 외부환경에 적응하는 집단이다.

02 조직과 개인은 공헌과 보상을 매개로 하여 서로 영향을 주고받는 관계이다. 조직과 개인이 구체적으로 주고받는 것은 무엇인지 (   ) 안에 제시하시오.

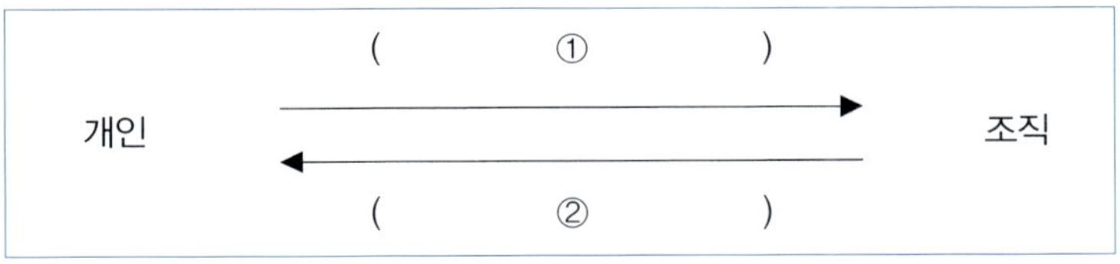

03 다음 중 개인이 조직에 참여하는 이유와 거리가 먼 것은 무엇인가?

① 존재욕구 충족　　② 관계욕구 충족
③ 성장욕구 충족　　④ 보상욕구 충족

04 다음 설명 중 올바른 내용에는 ○을, 틀린 내용에는 ×를 표시하시오.

① 조직이 발달해온 역사를 보면 공식조직에서 자유로운 비공식조직으로 발전해왔다. (   )
② 기업은 대표적인 영리조직이다. (   )
③ 최근 다국적기업과 같은 대규모조직이 증가하고 있다. (   )

05 **조직과 관련된 용어에 대한 설명을 올바르게 연결하시오.**

① 직위 •	• A. 과업을 수행함에 있어서 개인에게 지워져 있는 의무나 책임을 포함한 일체의 정신적 · 육체적 활동
② 직급 •	• B. 개인이 담당하고 있는 보직과 책임
③ 직책 •	• C. 직무의 종류, 난이도, 권한, 역할과 책임의 정도가 비슷한 직위를 한 데 묶어 분류한 것

06 **직업의 정의와 성립조건에 대해 설명하시오.**

학습 내용 요약

1. 조직은 공동목적을 달성하기 위해 두 사람 이상이 모여 체계화된 시스템 속에서 상호작용하며 경계를 가지고 외부환경에 적응하는 집단이다. 조직의 진정한 의미는 혼자 할 수 없는 가치 있는 일을 여러 사람이 함께 이루어나가는 것이다.
2. 우리는 직업과 직장생활을 통해 존재욕구, 관계욕구, 성장욕구의 세 가지 욕구를 실현하고자 한다.
3. 직업은 개인의 사회 · 경제적 위치를 표현함으로써 그(녀)의 정체성을 나타내는 데 중요한 역할을 한다. 직업은 경제성, 계속성, 윤리성과 사회성 등의 세 가지 조건을 충족해야 한다.
4. 프로직업인은 자신의 꿈과 비전을 달성하기 위해 평생 하고 싶은 일(직업)을 자신이 원하는 공간(직장)에서 하는 사람이다.
5. 조직은 공식화 정도에 따라서 공식조직과 비공식조직으로 구분할 수 있으며, 사기업과 같이 영리를 추구하는 영리조직과 정부조직과 같은 비영리조직으로도 구분된다. 또한 조직의 규모에 따라 소규모조직과 대규모조직으로 나눌 수 있다.
6. 조직생활은 조직과 개인의 공헌과 보상을 매개로 한 노동계약 관계를 전제로 하며, 노동계약은 사회적 계약관계의 한 형태이다. 직업인들은 조직에게 지식 · 기술 · 경험 등을 제공하고, 조직으로부터 연봉 · 성과급 · 인정 · 칭찬 · 만족감 등을 얻으며 서로 영향을 주고받는다.

PART 2

경영이해능력

Chapter 03 기업경영과 경영자의 역할

Chapter 04 조직의 경영전략

Chapter 05 조직의 문제해결과 의사결정

CHAPTER

03 기업경영과 경영자의 역할

Contents

1. 기업경영의 의의와 구성요소
2. 경영자의 역할과 경영의 과정
3. 경영활동의 유형과 방법

학습목표

1. 기업경영의 의의와 구성요소를 설명할 수 있다.
2. 경영자의 역할과 경영과정을 설명할 수 있다.
3. 경영활동별 실행방법을 설명할 수 있다.

주요 용어

기업경영	경영전략	경영과정
경영활동	인사관리	보상관리

미리보기

서양 속담에 '손가락 하나로는 조약돌도 집을 수 없다'는 말이 있다. 아무리 뛰어난 사람일지라도 조직에서 혼자 성과를 이룰 수는 없다. 에디슨이나 스티브 잡스와 같은 위대한 발명가들이 인류의 역사를 바꿀 수 있었던 것도 따지고 보면 보이지 않는 곳에서 그들과 함께 일했던 조직구성원들이 있었기 때문이다.

경영이란 그 기업의 목표를 달성하기 위해 구성원들이 한 방향으로 노력하는 연속된 과정을 말하는데, 서로 다른 사람들이 함께 모여 있는 만큼 쉬운 것은 아니다. 조직구성원들의 다양성을 무시한 채 경영자가 일방적으로 끌고 갈 수도 없다. 직원들 간에 서로 부딪히고 충돌하는 과정은 필연적이다.

제3장에서는 이러한 조직의 경영방법과 경영과정, 경영자의 역할에 대해 학습하고 조직을 효과적으로 경영하기 위한 구체적인 방법들에 대해 알아본다.

01 기업경영의 의의와 구성요소

조직은 목적을 가지고 있기 때문에 목적을 달성하기 위하여 지속적인 관리와 운영이 요구된다. 경영이란 조직의 목적을 달성하기 위한 전략, 관리, 운영활동이다. 결국 경영이란 다양한 상황에 맞춰 목적을 달성해 나가는 과정들의 연속이다.

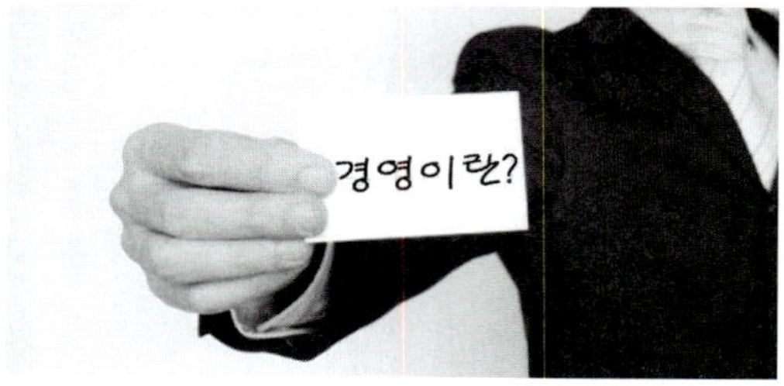

1) 기업경영의 의의

기업을 창업하고, 그 기업의 목표를 달성하기 위해 노력하고, 이익이 나면 사회에 환원하기도 하는 모든 과정들은 경영의 연속된 과정이다. 개인기업이든 법인기업이든 창업한 이후에 꼭 필요한 활동 요소들이 경영인데, 이를 '기업을 경영하다. 사람을 관리하다. 마케팅을 하다.' 등등 서로 다른 용어로 쓰고 있는 것이다.

국어사전은 경영을 '기업이나 사업 따위를 관리하고 운영하는 것'이라고 말하는데 이 '경영(經營)'이란 말은 〈맹자〉에 나오는 '경지영지(經之營之)'의 줄임말로 "처음에 건물을 짓기로 계획하고 시작했는데, 뭇 백성들이 공력을 합하여 하루도 못되어 그것을 만들었네. 임금이 처음엔 천천히 하려고 했으나 많은 백성들의 자식이 아버지 돕듯 달려 왔도다."라는 뜻으로 쓰여 있다. 결국 경영은 '계획하고 짓는 것'인데, 그 일을 서로가 힘을 합해 효과적으로 이루어야 한다는 것을 의미한다.

경영에서는 경영(management)이란 비영리조직 또는 영리조직을 관리, 운영하는 것을 말한다. 여기서 man은 손의 의미를 가지는 라틴어 hand에서 유래된 말이다. '인간의 손(노동)이 필요한 곳, 정리정돈을 하는 것 그리고 관리하는 행동'이라는 의미를 내포한다. 같은 개념의 단어로 Business Administration이 있는데 administer는 '운영하다'라는 영어 동사로 '봉사하다'는 의미도 갖고 있다.

우리말과 영어, 한자 모두 경영에 대한 맥락은 같다. 어느 조직이든 관리하고 운영한다는 것은 결국 "무언가를 이루고 싶다"는 열망이 들어 있다. 공동의 목표를 향해 달려가는 것이 경영인 것이다. 큰 기업이든 작은 기업이든 그 목표와 경영활동 요소들은 비슷한 것이다. 특히 조직의 경영에 대한 책임은 영리기업이든 비영리기업이든 대표적인 책무는 사회적 공헌이다. 사회적 책임을 다하는 것이 기업(조직)의 의무라는 말은 그 경영의 책임을 뒷받침 해주는 것이다.

2) 경영의 구성요소

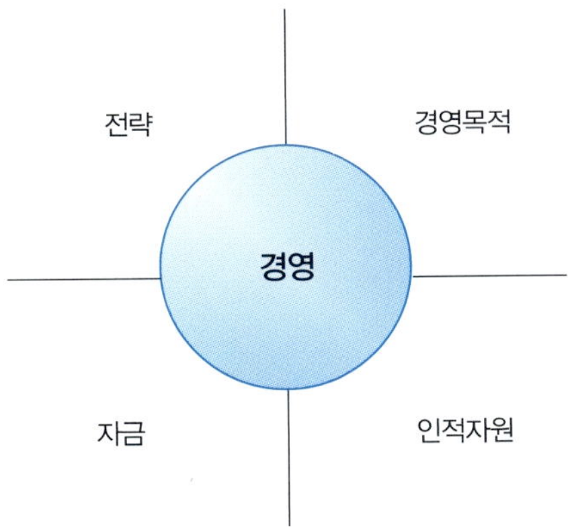

경영의 구성요소에는 일반적으로 경영목적, 인적자원, 자금, 전략의 4요소가 있다.

경영목적은 조직의 목적을 어떤 과정과 방법을 택하여 수행할 것인가를 구체적으로 제시해준다. 조직의 목적을 달성하기 위해 조직을 이끌어 나가는 경영자는 조직의 목적이 어느 정도 달성되었는지 그리고 얼마나 효율적으로 달성되었는지에 대해 평가를 받게 된다.

인적자원은 조직에서 일하고 있는 구성원들로 이들이 어떠한 역량을 가지고 어떻게 직무를 수행하는지에 따라 경영성과가 달라진다. 경영자는 조직의 목적과 필요에 부합하는 인적자원을 채용하고 이를 적재적소에 배치, 활용할 수 있어야 한다.

자금은 경영활동에 사용할 수 있는 돈을 의미한다. 자금이 부족할 경우 원하는 경영목표를 달성하는 데 어려움을 겪게 된다. 특히, 이윤추구를 목적으로 하는 사기업에서 자금은 이를 통해 새로운 이윤을 창출하는 기초가 된다.

전략은 조직이 가지고 있는 자원을 효과적으로 운영하여 무엇을 해야 하며, 어떤 것을 달성해야 하는가를 알려준다. 즉, 경영전략이란 기업 내 모든 인적 · 물적 자원을 경영목적을 달성하기 위해 조직화하고, 이를 실행에 옮겨 경쟁우위를 달성하는 일련의 방침 및 활동이다.

사례 연구 1

경영의 첫 걸음...

A씨는 최근 직장을 그만두고 지인들과 컨설팅 회사를 설립하였다. A씨가 직장을 그만두게 된 데에는 최고경영자의 경영이념이 자신의 이념과 상충되었기 때문이다.
이전 직장의 최고경영자는 신기술을 가장 빠르게 받아들이고 꾸준히 '기술적인 혁신'을 이룩할 것을 경영이념으로 삼았지만, A씨는 조직을 운영하는 데 가장 기본이 되는 것은 사람이므로 '인간존중'이 최우선이라고 생각하였다.
이에 따라 A씨와 지인들은 '인간존중'을 경영목적으로 하고, 구체적인 경영전략을 수립하였다. 또한 회사를 운영하기 위한 자금을 마련하여 법인으로 등록하고, 근로자를 모집, 채용하였다.

위의 사례에서 보면, 회사를 경영하기 위해서는 경영목적, 인적자원, 자금, 전략이 마련되어야 한다는 것을 알 수 있다. 이를 기준으로 내가 속한 조직의 경영상 특징을 알아보자.
위의 사례에 대한 다음 질문에 대하여 각자의 생각을 정리하고, 자신의 의견을 팀원들과 공유하시오.

1. 내가 속한 조직의 경영상 특징(경영목적, 인적자원, 자금(수입 · 지출), 경영전략)은 무엇인가?
2. 위 사례에서 경영의 기본으로 인간존중을 최우선으로 생각하는 이유는 무엇인가? 이런 기업의 장점과 단점을 생각하고 토의하시오.

02 경영자의 역할과 경영과정

1) 경영자의 역할

경영자는 제품을 생산하든 서비스를 제공하든 어떤 조직을 이끌고 그 결과에 대해 책임을 지는 사람이다. 따라서 대기업이나 중소기업, 스타트 기업의 대표자도 똑같은 경영자이고 교회 목사, 가정주부도 경영자라고 할 수 있다. 그 이유는 이들이 어떠한 목적으로 일을 하던 간에 조직의 활동을 계획하고 조직화하고, 지휘하고 통제하는 기본적인 기능을 수행하고 있기 때문이다.

대표라고 해서 출·퇴근 시간을 마음대로 하거나, 회사의 비용을 마음대로 사용한다면 그 기업은 오래 가지 못하고 직원들은 떠날 것이다. 경영자에게도 철저한 자기관리와 경영마인드가 필요한 것이다.

2) 경영의 과정

경영은 경영자가 경영목표를 설정하고, 경영자원을 조달·배분하여 경영활동을 실행하며, 이를 평가하는 일련의 과정으로 이해할 수 있다. 계획이란 조직의 미래상을 결정하고 이를 달성하기 위한 대안을 분석하고 목표를 수립하며 실행방안을 선정하는 과정이다. 이에 따라 경영실행이 이루어지며 이 단계에서는 조직목적을 달성하기 위한 활동들과 조직구성원을 관리한다. 경영실행에 대한 평가는 수행결과를 감독하고 교정하여 다시 피드백하는 단계로 이루어진다.

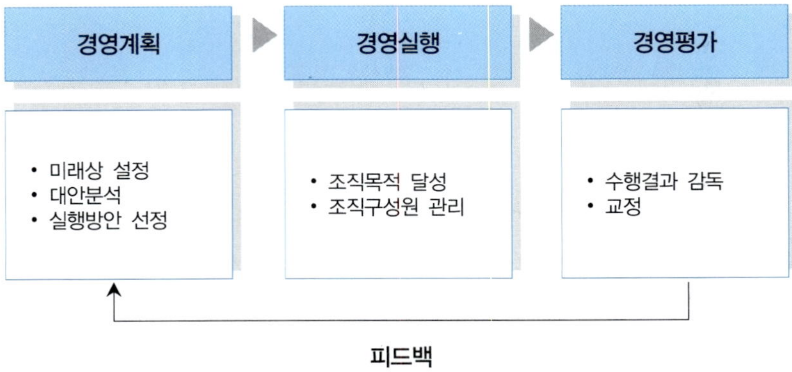

그림 3-1 경영의 과정

3) 경영자의 필요 역량

(1) 열정

경영자에게 가장 먼저 요구되는 능력은 열정(강한 의욕)이다. 경영자의 열정은 사업과 일에 강한 의욕을 갖고 몰입하는 데 도움을 준다. 특히 기업을 창업하고 운영하는 데는 많은 노력과 열정이 필요하기 때문이며, 열심히 한다고 성공이 보장되지는 않는다. 열정과 함께 합리적인 계획과 판단이 보완적으로 필요하다.

(2) 정신능력

경영자의 정신능력이란 지적능력, 창조적 사고력, 분석적 사고력 등을 말한다. 이런 정신적 능력에 의하여 사업의 당면문제를 체계적으로 분석하고, 창조적인 문제해결책을 제시하며, 일을 합리적으로 수행할 수 있는 것이다. 이런 능력은 사업기회를 포착하여 사업화하는 데 중요한 역할을 수행한다.

(3) 대인관계 능력

궁극적으로 직원들이나 고객 등 이해관계자들과 우호적인 관계를 유지해야 하기 때문에, 인간관계능력은 주로 정서적 안정성, 대인관계의 기술, 사교성, 타인에 대한 배려, 감정이입 능력 등을 말한다. 이런 대인관계능력은 고객과 종업원의 생각과 입장을 이해하게 함으로써 사업운영에 많은 도움을 줄 수 있다.

(4) 의사소통능력

의사소통능력은 문서 또는 말로써 자신의 의사를 표현하고 전달하는 능력을 말한다. 경영자는 사업을 원활하게 운영하기 위하여 고객, 직원, 이해관계자 등과 효과적으로 소통하여야 하므로 사업을 위한 필수 능력이라 하겠다.

(5) 의사결정능력

기업의 경영활동은 의사결정과정의 연속이다. 그러므로 경영자는 전략적 의사결정을 할 수 있는 능력을 갖추어야 한다. 합리성과 신속성을 유지하면서 가급적 정확한 판단으로 결정하여야 한다.

4) 경영자의 기본 자질

(1) 인성과 교양

경영자에게 요구되는 자질은 무엇보다도 단순한 경영수단이 아니라, 새로운 시대에 맞는 경영감각과 사회적으로 신뢰 받을만한 인성과 교양을 갖추어야 한다.

(2) 목표달성 의지

미래의 환경변화에 대한 예리한 통찰력과 판단력을 발휘하여 장기적인 관점에 근거한 경영활동으로 목표를 달성하려는 의지가 있어야 한다.

(3) 기업가 정신

항상 환경변화에 도전하여 새로운 사업기회를 적극 모색하여야 하며, 자신의 모든 것을 투자하고 희생시킬 수 있는 투철한 기업가정신을 가지고 있어야 한다.

(4) 윤리마인드

개인의 영리추구에 그치지 않고 경영 전반에 대한 철저한 윤리의식과 사회적 책임을 인식할 수 있어야 한다.

사례 연구 2

사우스웨스트 항공의 CEO인 허브 켈러허는 즐겁고 재미있게 일할 수 있는 근무환경을 만들고자 노력했다. 인재 선발에 있어서도 기술적인 면이나 실력보다는 태도를 중요시 했다. 허브 켈러허는 그렇게 선발된 직원들을 아꼈다. 창립 25주년 기념식에서 그는 사업전략을 구상할 때 가장 중요한 요소를 생각한다면 고객, 주주, 직원 가운데 단연코 직원을 최우선으로 생각한다고 말했다. 고객 최우선주의가 만연했던 경영환경에서 그의 주장은 파격적인 것이었다.

그는 선언에서 그치는 것이 아니었다. 실제로 기내에서 폭음을 하고 이유 없이 직원들을 괴롭히는 고객들에게 직접 연락하여 다른 항공사를 이용해 줄 것을 권했다. 뿐만 아니라 그는 일요일 새벽 3시에 회사 청소부의 휴게실에 들어가 도넛을 나눠주거나, 작업복을 입고 그들과 함께 비행기를 청소하기도 하였다. '인재 제일주의'를 외치기만 하는 수많은 회사들과 차별화 되는 이유다.

수많은 직원들이 그를 존경하고 믿고 따랐다. 그것이 사우스웨스트 항공의 성공 스토리이다.

위 사례에 대한 다음 질문에 대하여 각자의 생각을 정리하고, 자신의 의견을 팀원들과 공유하시오.

❶ 허브 켈러허가 갖고 있는 경영자로서의 자질과 역량은 무엇이 있을까?

❷ 사우스웨스트 항공사의 임직원들은 허브 켈러허의 이런 경영에 대해 어떤 생각을 갖고 있었을까? 이런 기업의 장점과 한계점에 대해 생각하고 토의하시오.

사례 연구 3

[위클리비즈, 1년간 세계 7위권 경영대학원 학장 등 석학 11명 인터뷰]

경영 환경이 어느 때보다 빠르게 변하고 있다. 2008년 글로벌 금융 위기를 기점으로 저성장과 저소비, 높은 실업률이 일상화된 '뉴 노멀'이 거시경제의 새로운 질서로 자리잡았다. 인터넷 보급과 맞물린 IT 혁신으로 온라인 공간과 스마트 기기를 활용한 사업 모델이 속속 등장하며 산업 지형도가 달라지고 있다. 노령화와 베이비붐 세대의 은퇴, 세대 갈등 등 인구구조를 둘러싼 변화도 벌어지고 있다. 자연스럽게 이상적인 경영인의 요건도 달라졌다. 앞으로 경영에서 어떤 리더십이 필요하다고 보는지 알아보기 위해 지난 1년 동안 세계 7위권 경영대학원 학장 중 4명을 포함, 총 11명의 세계 주요 경영대학원장을 만났다. 이들이 공통적으로 말하는 '경영자에게 앞으로 필요한 자질'을 키워드로 정리하면 아래와 같다.

신기술을 활용한 사업을 구상하는 데 필요한 '뉴 하드스킬', 기업 구성원 스스로 혁신을 이뤄내도록 비전을 제시하는 '동기부여 능력', 좋은 인재를 끌어들이고 조직 내 갈등을 줄이는 '수평적 조직 문화', 기업이 사회와 소통하기 위한 '배려와 진정성의 경영' 등 네 가지이다.

출처: 조선 비즈

---

❶ 최근 코로나 19의 대유행은 전 세계적으로 많은 불안과 공포를 유발하고, 경제적 위기 상황을 초래하였다. 이와 같은 팬데믹 위기 상황에 처했을 때 특히 경영자에게 요구되는 자질은 무엇인가 생각해 보자.

03 경영활동 유형

1) 경영활동 유형

경영활동은 외부경영활동과 내부경영활동으로 구분하여 볼 수 있다. 외부경영활동은 조직 내부를 관리하고 운영하는 것이 아니라 조직 외부에서 조직의 효과성을 높이기 위해 이루어지는 활동이다. 예를 들어 기업에서는 주로 시장에서 이루어지는 활동으로 총수입을 극대화하고 총비용을 극소화하여 이윤을 창출하는 것이다. 이는 대외적 이윤추구활동으로서 대표적으로 마케팅 활동이 있다.

한편, 내부경영활동은 조직내부에서 인적·물적 자원 및 생산기술을 관리하는 것으로서 여기에는 대표적으로 인사관리, 채용관리, 개발관리, 보상관리, 유지관리 등이 있다.

2) 인사관리

인사관리란 기업에 있어 사람과 관련된 모든 활동으로 기업이 필요로 하는 인재를 선발하고, 교육하며, 활용하고, 보상하는 직원의 제반 관리에 대한 경영활동을 말한다. 이러한 인사관리는 인력계획 수립부터 시작하여 필요한 인력의 모집·선발, 교육훈련 및 업무평가를 통한 보상관리까지를 포함한다.

(1) 인력관리 – 우수한 인력을 어떻게 채용할 것인가?

(2) 개발관리 – 직원들의 잠재력을 어떻게 개발하여 그들의 능력을 최대한 발휘하도록 할 것인가?

(3) 보상관리 – 직원들이 창출한 실적과 가치에 대해 금전적·비금전적인 보상을 어떻게 할 것인가?

3) 채용관리

채용관리는 필요한 인력을 확보하는 데서 시작된다. 채용관리란 인력수급계획을 수립한 후 이에 근거하여 모집, 선발, 배치를 하는 것이다.

(1) 인력수급계획 수립

인력수급계획은 현재 및 미래의 시점에서 기업이 필요로 하는 인력을 판단하고 예측하여 이에 대한 조직 내에 공급을 하여 적절히 조화시킬 수 있는 계획을 수립하는 것이다.

(2) 모집

모집이란 기업이 필요로 하는 능력 있는 인력을 기업 내로 끌어들이는 채용 활동을 말한다. 즉, 기업에서 필요로 하는 사람들이 적극적으로 지원하도록 정보를 제공하고 동기를 유발하는 활동이다. 이때 모집방법은 모집대상자를 내부에서 찾느냐 외부에서 찾느냐에 따라 사내모집과 사외모집으로 구분한다.

① 사내모집

사내모집은 자격을 갖춘 직원 중에서 승진이나 이동배치를 통해 인력을 충원하는 방법이다. 예를 들면 해외에서 근무하거나 외국어가 필요한 경우에는 사내 공모를 통하여 필요한 인력을 충원하는 경우이다.

② 사외모집

사외모집은 신문 · 잡지 · SNS 등의 홍보매체를 활용하여 외부인력의 응모를 통해 채용한다. 모집공고를 보고 지원한 인력 중에서 적임자를 골라내는 선발과정을 거치게 된다.

(3) 선발

모집을 통해 응모한 지원자 중에서 기업이 필요로 하는 가장 적합한 사람을 찾는 과정이 선발이다. 기업에 필요한 우수인력의 선발은 조직에 큰 영향을 미치기 때문에 매우 중요한 경영활동이다.

표 3-1 신입사원 평가기준

단 계	신입사원 평가기준 (가장 많이 보는 비율순)
이력서	전공 50%, 인턴 등 실무경력 40%, 자격증 32%, 나이 29.6%, 거주지역 28%, 학력 27% 등
자기소개서	지원동기 34%, 성격(인성) 및 장단점 33%, 가치관 및 생활신조 32%, 입사 후 포부 30%, 목표달성(성과) 경험 26% 등
면접	성실성 42%, 직무지식/능력 40%, 적극성 38%, 지원동기 36%, 직무비전 34% 등
기타	직무역량과 인성 중에는 인성이 가장 중요하다는 응답이 3배 이상

자료: 신입사원 채용 평가기준 - 2014년 상반기 채용 162개사 인사담당자(복수 응답), 사람인.

(4) 배치

배치란 신입으로 선발된 인력을 각 직무에 배속시키는 것을 말하는데, 선발된 인력이 다양한 직무와 직원들과의 관계에서 잘 화합하고 융화하여 자신의 실력과 역량을 최대한 발휘할 수 있도록 하여야 한다. 선발이 우수한 능력을 가진 사람을 골라내는 단계라면, 배치는 선발된 인력을 특정직무의 요건에 맞는 사람을 찾는 단계이다.

4) 개발관리

개발관리는 채용한 인력에 대해 개개인의 역량뿐만 아니라 현재의 직무를 원활히 수행하는 데 필요한 기능과 수준을 높이기 위한 기업 차원의 경영활동을 말한다. 개발관리의 주요 활동에는 경력관리, 이동·승진관리, 교육훈련 등이 있다.

(1) 경력관리

경력관리 또는 경력개발(career development program, CDP)관리는 직원 개개인이 각자 자신의 경력의 성장을 기하면서 동시에 기업의 목표를 달성할 수 있도록 개인의 경력을 개발하는 경영활동이다.

(2) 이동 및 승진관리

기업에서 직원들을 대상으로 이루어지는 인사이동은 크게 수직적 이동과 수평적 이동이 있는데 수직적 이동에는 승진, 강등이 있고, 수평적 이동에는 능력개발이 목적인 직무순환이 있다.

① 승진

승진은 직급과 보수가 상승하면서 권한과 책임이 커지는 것을 말한다. 승진은 직원의 입장에서는 개인의 자아발전 욕구를 충족시키고 기업 입장에서는 더 많은 능력을 발휘하도록 하는 보상의 측면이 있지만, 탈락하는 경우에는 직원은 물론 조직에게도 많은 영향을 끼친다.

② 직무순환

직무순환은 다양한 직무를 경험하게 함으로써 관리자가 되기 위한 종합적인 역량을 쌓도록 하는 것과 폭넓은 직무경험을 함으로써 성장기회를 제공해 주는 것 외에도 인력공백이 생길 경우에 그를 충원하기 위한 목적도 있다.

(3) 교육훈련

새로이 직원을 선발하였으면 기업은 채용한 종업원들이 기업 환경과 자신들이 수행할 직무에 적응하고 조직에서 필요한 기본적인 지식, 기술, 태도 등을 습득하기 위해 체계적이고 종합적인 교육훈련을 실시한다.

5) 보상관리

보상이란 기업 목표달성에 대한 각자의 기여도에 따라 그에 상응하는 보상이 이루어지는 것을 말한다. 보상에는 크게 임금과 복리후생이 있는데, 보상이 이루어지면 직원의 입장에서는 소득이지만 기업의 입장에서는 비용이다. 보상은 직원들에게 경제적 만족감이나 잠재능력의 개발, 동기부여의 수단이 될 수 있어야 하며 그 과정에서 개인의 성과도 높일 수 있어야 한다.

6) 유지관리

아무리 뛰어나고 우수한 인재를 확보하여 기업에 큰 공헌을 하고 있다 하더라도 그 인재가 다른 회사로 옮겨가버리면 아무런 소용이 없다. 우리 기업에 도움이 되는 인재가 다른 곳으로 옮기지 않고 기업에 남아 지속적으로 충성을 다할 수 있도록 관리하는 경영활동이 유지관리이다.

사례 연구 4

미국 인터넷 시장의 65% 이상을 점유하고 지메일, 크롬, 안드로이드 등 전 세계에서 막강한 영향력을 가지고 있는 '원조 인터넷 공룡' 구글은 가장 일하고 싶어 하는 기업 리스트에 거의 매년 이름을 올리는 단골손님이다.

구글의 성공비법은 조직 세분화가 첫 번째 비법이다. 구글은 1만 명이 넘는 직원들을 모두 4~5명으로 구성되는 초소규모 팀에 배치한다.

활발한 토론과 적극적 의견개진이 가장 중요한 업무 중 하나라고 생각하기 때문이다. 또한 '인재 중심의 창조 경영'이라는 원칙을 내세우며 경영진이 물심양면으로 인재 유치 및 육성 노력을 하고 있다.

구글이 특히 잘 운영해 온 부분은 자율성에 있다. 구글의 '20% 프로젝트'는 그들만의 특색 있는 전략으로 손꼽히는데, 전체 근무시간의 20%를 의무적으로 개인 프로젝트에 투자하게 하는 것이다.

직원들은 새로운 프로젝트를 주도하는 것은 물론, 마음에 드는 동료의 프로젝트에 팀원으로 참여할 수도 있다.

이 프로젝트 중 성공적으로 운영되는 것들은 구글 정식 프로젝트로 승격되고, 상품화까지 이어지는 경우에는 담당 팀원들에게 금전적 보상도 주어진다.

보다 창의적이고 흥미로운 접근 방식을 권장하기 위해 만들어진 이 프로젝트는 지금은 구글의 창의성의 핵심으로 작용하고 있다. 구글 지도, 지메일 등이 이 20% 프로젝트의 주요 결과물이라 하니 그 효과를 알만하다.

출처: 한국경제신문

위 사례에 대한 다음 질문에 대하여 각자의 생각을 정리하고, 자신의 의견을 팀원들과 공유하시오.

1. 위 구글의 사례는 경영활동 유형 중 어느 부문에 해당되는 것일까?
2. '20% 프로젝트'를 운영하고 있는 구글의 경우 대표적인 기업문화와 구성원들의 의욕은 어떠할까?

사례 연구 5

"아마존에 인재 못 뺏겨" MS, 성과급 2배 '파격 인상'

인재를 '유치'하고 '유지'해야 하는 어려움 속에서 마이크로소프트가 다른 빅테크와 비교해 경쟁력을 유지하고자 전 세계 직원을 대상으로 '보상'을 강화하고 있다. 긱와이어(GeekWire)의 보고서에 따르면 이 회사는 성과급 인상에 할당된 글로벌 예산을 2배 가까이 늘리고, 시니어 디렉터 이하 직급의 직원에게 매년 지급되는 주식 보상금을 최소 25% 이상 인상할 계획이다. 마이크로소프트 대변인은 컴퓨터월드에 보낸 이메일 회신에서 "전 세계적인 보상 강화는 직원에게 경쟁력 있는 환경을 제공하겠다는 지속적인 약속을 반영한다"라고 언급했다.

마이크로소프트는 아마존으로 이탈하는 직원을 가장 우려하고 있는 것으로 알려졌다. 올해 초 아마존이 보상 한도를 16만 달러에서 35만 달러로 2배 인상했기 때문이다. 워크플레이스 관리 소프트웨어 업체 로빈 파워드(Robin Powered)는 '보상'이 특히 젊은 직원들에게 중요하다고 밝혔다. 로빈 파워드가 Z세대 직원 600명을 대상으로 한 설문조사 결과에 따르면 현 직장을 떠나는 이유로 ▲더 많은 돈(53%), ▲더 나은 업무(33%), ▲승진(30%), ▲더 나은 직장 문화(24%)가 꼽혔다. 또 전체 응답자의 74%는 최대 20% 인상이 이뤄진다면 현 직장에 남아 있을 의향이 있다고 말했다.

출처: IT WORLD (2022.05.19).

위 사례에 대한 다음 질문에 대하여 각자의 생각을 정리하고, 자신의 의견을 팀원들과 공유하시오.

1. 최근 한 매체의 보도에 따르면 구직자 10명 중 4명은 코로나 이후 직장에 대한 가치관이 달라졌다고 밝혔다. 달라진 직장관 1위는 '경제적인 보상보다 워라밸이 더욱 중요하다'가 차지했다고 하는데, 나는 경제적 보상과 워라밸에 대해 어떻게 생각하고 있는지 토론해 보자.

학습평가

01 다음은 경영에 대한 설명이다. (　　) 안에 각각 들어갈 적절한 용어를 적으시오.

> 경영이란 조직의 목적을 달성하기 위한 (A), 관리, 운영활동이다. 조직은 다양한 유형이 있기 때문에 모든 조직에 공통적인 경영원리를 적용하는 것은 어렵다. 그러나 특정 조직에 적합한 특수경영 외에 (B)은/는 조직의 특성에 관계없이 공통적으로 적용할 수 있는 개념이다.

02 다음 중 경영에 대한 설명과 거리가 먼 것은 무엇인가?

① 경영의 과정은 경영계획, 경영실행, 경영평가의 단계로 이루어진다.
② 경영계획 단계에서는 조직의 미래상을 결정하고 목표를 수립한다.
③ 경영실행 단계에서는 구체적인 실행방안을 선정하고 조직구성원을 관리한다.
④ 경영평가 단계에서는 수행결과를 감독하고 교정한다.

03 다음은 경영의 구성요소에 대한 그림이다. 빈 칸에 적절한 구성요소는?

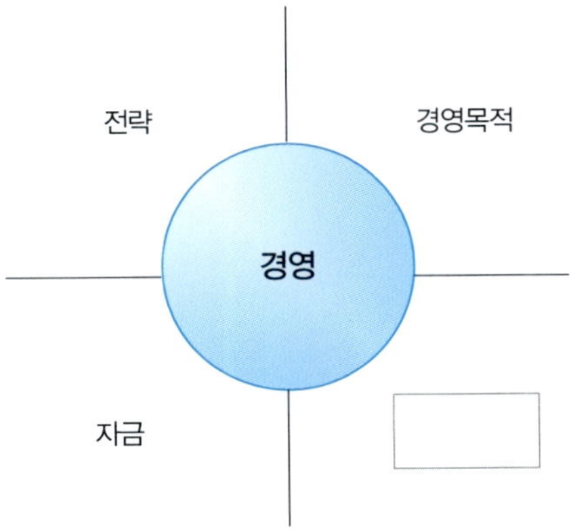

04 다음의 경영활동을 올바르게 연결하시오.

① 직무순환 •	• A. 직원들에 대한 적절한 금전적 · 비금전적 지원
② 보상관리 •	• B. 다양한 직무를 수행하게 함
③ 유지관리 •	• C. 직원이 지속적으로 충성할 수 있도록 관리

05 기업가 정신에 대해 작성하시오.

학습 내용 요약

1. 경영이란 조직의 목적을 달성하기 위한 전략, 관리, 운영활동이다. 조직은 다양한 유형이 있기 때문에 경영이란 다양한 상황에 맞춰 목적을 달성해 나가는 과정들의 연속이다.
2. 경영의 구성요소에는 일반적으로 경영목적, 인적자원, 자금, 전략의 4요소가 있다.
3. 경영과정은 경영자가 경영목표를 설정하고, 경영자원을 조달 · 배분하여 경영활동을 실행하며, 이를 평가하는 일련의 과정이다.
4. 내부경영활동은 조직 내부에서 인적 · 물적 자원 및 생산기술을 관리하는 것으로서 여기에는 대표적으로 인사관리, 채용관리, 개발관리, 보상관리, 유지관리 등이 있다.
5. 인사관리란 기업에 있어 사람과 관련된 모든 활동으로 기업이 필요로 하는 인재를 선발하고, 교육하며, 활용하고, 보상하는 직원의 제반 관리에 대한 경영활동을 말한다.

CHAPTER

04 조직의 경영전략

Contents

1. 경영전략의 의의와 추진과정
2. 경영전략의 유형과 수립기법
3. 경영참가제도의 목적과 유형

학습목표

1. 경영전략의 의의와 추진과정을 설명할 수 있다.
2. 경영전략을 수립하고 그 방법을 설명할 수 있다.
3. 경영에 참가하는 방법과 효과를 설명할 수 있다.

주요 용어

경영전략	미션	목표설정
경영전략유형	전략적 우위	경영참가제도

미리보기

엄청나게 빠른 속도로 변화하는 경영환경 속에서 기업들이 지속적인 경영전략을 수립하고 실행, 평가하는 과정들은 경쟁 속에서 살아남기 위한 일종의 최선책이다. 현재를 살아가고 있는 기업은 조직목표를 달성하기 위해서 직원 개개인의 강점, 경험, 지식과 에너지를 한 방향으로 모을 수 있는 역동적인 경영전략을 수립하고 실행하며 성장하는 것이다.

기업이 성장하기 위한 경영전략을 통해 지속적인 문제해결과 혁신을 이뤄나가고 그 성공을 유지할 수 있는 조직을 만들어 나가는 것은 기업과 구성원들의 생존전략과도 같은 것이다. 사람은 조직을 만들고, 조직은 조직 사이에 발생하는 갈등요인을 문제해결을 통해 풀어나가며, 그 조직의 공동의 목표를 달성해 나가는 과정이 경영의 과정이다.

제4장에서는 조직구성원들이 경영전략을 수립하고 경영활동에 참가하는 다양한 방법과 혁신적인 창의적 방법들을 통해 경영전략을 추진하는 과정을 학습하며, 기업의 성공요인을 알아본다.

01 경영전략의 의의와 추진과정

1) 경영전략의 의의

조직의 경영전략은 조직이 목표를 달성할 수 있도록 경영활동을 체계화하여 나타내주는 수단이 된다. 조직은 전략목표를 설정하고 환경을 분석하여 경영전략을 도출할 수 있으며, 해당 사업에서 경쟁우위를 확보하기 위한 다양한 전략을 구사할 수 있다.

조직 경영전략은 조직이 변화하는 환경에 적응하기 위하여 경영활동을 체계화하는 것으로, 전략은 목표가 아니라 목표달성을 위한 수단이 된다. 경영전략은 조직의 경영자가 수립하게 되지만, 모든 직업인은 자신이 속한 조직의 경영전략을 이해해야 조직목표를 달성하는 데 기여할 수 있다.

2) 경영전략의 추진과정

조직은 먼저 경영전략을 통해 미래에 도달하고자 하는 미래의 모습인 비전을 규명하고, 미션(전략목표)을 설정한다. 전략목표를 설정하면 전략대안들을 수립하고 실행 및 통제하는 관리과정을 거친다. 최적의 대안을 수립하기 위하여 조직의 내·외부 환경을 분석한다. 조직의 내·외부 환경을 분석하는 데 유용하게 이용할 수 있는 방법으로는 SWOT 분석이 가장 많이 활용되고 있다.

SWOT 분석에서 조직 내부 역량으로는 조직이 우위를 점할 수 있는 장점(Strength)과 조직의 효과적인 성과달성을 방해하는 자원, 기술, 능력 면에서의 약점(Weakness)이 있다. 조직의 외부 환경은 기회요인(Opportunity)과 위협요인(Threat)으로 나뉘며, 기회요인은 조직 활동에 이점을 주는 환경요인이고, 위협요인은 조직 활동에 불이익을 미치는 환경요인이다.

환경분석이 이루어지면, 이를 토대로 전략을 도출한다. 조직의 경영전략은 조직전략, 사업전략, 부문전략으로 구분할 수 있으며 이들은 위계적 수준을 가지고 있다.

가장 상위단계 전략인 조직전략은 조직의 사명을 정의하고, 사업전략은 사업수준에서 각 사업의 경쟁적 우위를 점하기 위한 방향과 방법을 다룬다. 그리고 부문전략은 기능부서별로 사업전략을 구체화하여 세부적인 수행방법을 결정한다. 경영전략의 예로는 원가우위전략, 차별화전략 등이 있다. 경영전략이 수립되면 이를 실행하여 경영목적을 달성하고 결과를 평가하여 피드백하는 과정을 거친다.

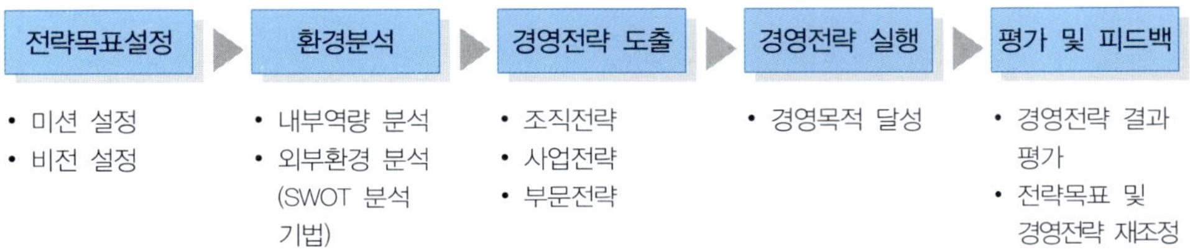

그림 4-1 경영전략의 추진과정

사례 연구 I

코닥은 1879년 필름 사업을 시작하여 1980년까지 세계 최대의 필름 및 카메라 생산 회사로 성장하였다. 하지만 1980년대에 사업 다각화(제약, 의료기기)에 실패하면서 1990년대에는 매출 및 이익이 급감하였고 2000년대 디지털 카메라 사업에도 계속 실패하면서 결국 2012년 1월에 파산 신청을 하였다. 코닥이 경영에 실패한 대표적인 이유는 다음과 같다.

첫째, 100년 동안의 1등 기업의 지위가 오히려 독이 되었다. 많은 기업들이 실패하는 이유 중 '시장 선두주자 자리에 대한 과신'이 23%를 차지할 정도로 문제가 있는 것이다. 코닥도 선두 기업의 위치에서 경쟁기업들의 공격적인 변화에 대해 별다른 대응을 하지 않았고 안이하게 지냈던 것이다.

둘째, 디지털 환경의 변화에 대처하지 못했다. 코닥이 디지털 환경을 위협으로 인식하고 동시에 기존 사업을 좀 더 유지하고 이끌고 가려고 했다면, 후지는 과감하게 기존 사업을 포기하고 위협에 대처하는 방법을 선택하였다. 후지는 필름부문의 사업을 대규모 구조조정하고 다른 사업으로의 영역에 확장을 시도하였다.

셋째, 단기성과에 집착하였다. 흔히 주주 기반의 미국식 기업은 단기적인 성과에 의해 경영진을 평가하고 교체한다. 장기적인 관점에서 전략을 구사하는 못하고 단기성과에 집중하여 디지털 환경에 제대로 대응하지 못한 결과 필름 시대가 저물고 디지털 시대가 전개되면서 코닥은 쇠퇴의 길을 걷게 되었다.

출처: LG경제연구원 사내보

위의 사례에 대한 다음 질문에 대하여 각자의 생각을 정리하고, 자신의 의견을 팀원들과 공유하시오.

❶ 코닥이 경영에 실패하게 된 원인은 어디에 있는가?

❷ 미국식 경영에서 장기적 관점의 경영전략을 수립하려면 어떻게 하여야 할까?

02 경영전략의 유형과 수립 기법

1) 경영전략 수립 구조

경영전략이란 경영을 하는 데 필요한 전략으로 기업이 가용할 수 있는 최소한의 경영자원을 배분하여 해당 산업분야에서 경쟁우위를 확보하고 사업을 유지하게 하는 중요한 의사결정이며 구조는 다음과 같다.

(1) 미션

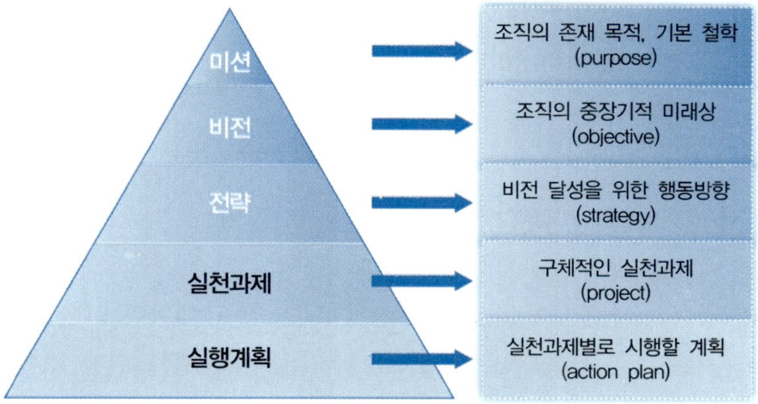

그림 4-2 경영전략의 수립구조

조직이 나아가야 할 방향을 정하는 첫 번째 일로서 조직의 사명을 결정하는 것이다. 조직의 미션이란 조직이 존재하는 목적이나 이유, 존재근거 또는 사명이나 임무를 말한다.

(2) 비전

비전은 조직의 미션을 달성하기 위한 중·장기의 전략목표, 즉 이루고자 하는 미래상을 말한다. 조직이 전략을 통해 장기적으로 구현하고자 하는 바람직한 모습을 담는다.

(3) 전략

전략이란 비전이 설정되면 이를 달성하기 위한 경영활동의 방향과 자원의 배분 등을 하는 것이다. 전략을 실행하기 위한 가장 최적의 조직구조 및 시스템을 설계하는 것이 중요하다.

(4) 실천과제 및 실행계획

전략이 수립되면 이를 달성하기 위한 구체적인 실천과제를 선정하며, 선정된 각 과제별 세부 실행계획을 수립한다.

2) 경영전략 수립의 중요성

경영전략 중에서 경영계획 수립은 가장 중요한 첫 단계이며 이를 기초로 하여 경영의 활동과 평가가 시작된다. 경영계획 수립을 통해 얻게 되는 중요한 결과는 다음과 같다.

(1) 집중도를 높이고 유연성을 향상시켜준다

계획 수립은 조직과 구성원의 집중도와 유연성을 높여 준다. 계획 수립이 잘 되면 직원들이 하여야 할 일이 명확하기 때문에 조직의 역량이 분산되지 않고 집중도가 커진다. 계획 수립이 잘된 조직에서는 어떤 것이 최선을 다하는 것인지 알며, 고객이 무엇을 필요로 하는지, 어떻게 하는 것이 그들에게 잘하는 것인지를 알고 있다.

(2) 조직구성원의 행동지침이 된다

계획은 사람들이 행동할 때 조직의 목표를 달성하는 방향으로 행동할 수 있도록 하나의 지침이 되며 다음과 같은 이점이 있다.

① 결과지향 : 계획수립 시 달성하여야 할 성과를 사전에 인지하기 때문에 결과 지향적으로 노력하게 된다.

② 우선순위 : 어떤 일에 우선적으로 관심을 가져야 할지를 안다.

③ 이익극대화 : 모든 자원이 회사의 이익을 극대화하는 방향으로 사용된다.

(3) 조정을 돕는다

기업에서의 각 조직들은 각기 다양한 업무를 동시에 수행하며 이들은 조직의 목표를 달성함과 동시에 기업 전체의 목표를 달성하는 데 기여하여야 한다. 이때 조직 간에 갈등이 발생할 때에는 전체 목표에 근거하여 조정 또는 조율을 해 나가야 하는데 이의 기준이 된다.

(4) 시간을 관리할 수 있게 해 준다

계획수립이 제공하는 또 하나의 이점은 시간관리를 돕는다는 점이다. 계획수립이 잘 이루어지면 시간을 어떻게 배분하여 활용할 것인지 준비되어 있기 때문에 시간관리를 용이하게 할 수 있다.

(5) 통제의 근거가 된다

통제활동은 애초에 수립된 계획에 근거하여 이루어진다. 계획수립이 잘되면 성과의 측정 및 평가, 이에 대한 보상, 처벌 등이 합리적으로 이루어진다. 계획수립 없는 통제활동은 당초 의도한 방향대로 잘되고 있는지를 파악하거나 보완할 수가 없다.

3) 경영전략 수립의 목표 설정

경영전략 수립에서 확실한 목표를 수립하고 목표를 달성하기 위해서는 전략적이고 체계적인 계획을 세워야 하는데, 이러한 목표의 달성 가능성을 높이기 위해서는 SMART법칙의 5가지 기준에 의해 목표를 설정할 때 달성 가능성이 높아진다.

(1) S(Specific) : 구체적인 목표

목표를 구체적으로 설정하고 언제, 어디서, 무엇을, 어떻게, 얼마나 할 것인지를 분명히 정한다.

(2) M (Measurable) : 측정 가능한 목표

목표달성 진척도를 판단하기 위해서 변화 정도가 선명하게 관찰될 수 있고 수치로 확인될 수 있어야 한다.

(3) A(Achievable) : 달성 가능한 목표

목표달성의 단계를 계획해서 각 단계별로 행동을 통해서 달성할 수 있어야 한다.

(4) R(Realistic) : 현실성 있는 목표

목표는 현실적이고 적절하며 실현 가능한 구체적인 결과를 도출할 수 있어야 한다.

(5) T(Time – bounded) : 시간제한 목표

목표달성 기한을 정확히 설정하고 즉시 실행할 수 있는 것이어야 한다.

4) 경영전략의 유형

조직의 경영전략은 경영자의 경영이념이나 조직의 특성에 따라 다양하다. 이 중 대표적인 경영전략으로 마이클 포터(Michael E. Porter)의 본원적 경쟁전략이 있다. 본원적 경쟁전략은 해당 사업에서 경쟁우위를 확보하기 위한 전략으로 원가우위 전략, 차별화 전략, 집중화 전략으로 구분된다.

첫째, 원가우위 전략은 원가절감을 통해 해당 산업에서 우위를 점하는 전략으로, 이를 위해서는 대량생산을 통해 단위 원가를 낮추거나 새로운 생산기술을 개발할 필요가 있다. 여기에는 1970년대 우리나라의 섬유업체나 신발업체, 가발업체 등에서 미국시장에 진출할 때 취한 전략이 해당한다.

둘째, 차별화 전략은 조직이 생산품이나 서비스를 차별화하여 고객에게 가치가 있고 독특하게 인식되도록 하는 전략이다. 차별화 전략을 활용하기 위해서는 연구개발이나 광고를 통하여 기술, 품질, 서비스, 브랜드이미지를 개선할 필요가 있다.

셋째, 집중화 전략은 특정 시장이나 고객에게 한정된 전략으로, 원가우위나 차별화 전략이 산업 전체를 대상으로 하는 데 비해 집중화 전략은 특정 산업을 대상으로 한다. 즉, 차별화 전략에서는 경쟁조직들이 소홀히 하고 있는 한정된 시장을 원가우위나 차별화전략을 써서 집중적으로 공략하는 방법이다.

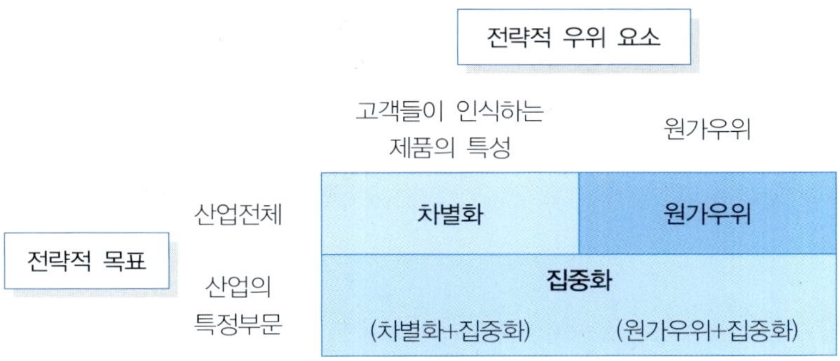

그림 4-3 경영전략의 유형

5) 경영전략과 기업문화의 관계

타 기업과 확연히 구별된 기업을 경영하고자 전략을 수립할 경우 바람직한 기업문화를 조성하고 만들어 나가는 것은 매우 중요한 경영활동이다. 일반적으로 기업이 추구하는 기업문화의 핵심내용은 이념과 비전 속에 함축되어 있다.

(1) 사명선언

기업의 사명(mission)은 기업의 사회적 사명이자 사회에 대한 약속이며, 기업 스스로의 각오를 나타낸 것이다. 여기에는 기업의 존재 이유와 임직원들의 분명한 각오가 표현되어 있어야 한다.

〈친숙한 기업들의 사명선언〉

애플(Apple)

전 세계의 학생, 교육자, 창조적인 전문가, 소비자들에게 우리의 혁신적인 하드웨어, 소프트웨어, 인터넷의 제공을 통하여 최고의 개인적인 컴퓨팅 경험을 제공하는 데 기여한다.

페이스북(Facebook)

사람들에게 더욱 더 개방적이고 연계가 되는 세상을 만들고 공유하는 힘을 제공한다.

구글(Google)

세상의 모든 정보를 조직화하여 이를 누구나 보편적으로 접근할 수 있고 누구에게나 도움이 되게 한다.

(2) 비전

비전(vision)은 기업의 원대한 희망과 미래의 모습을 나타내는 것이다. 미래의 확실한 목표를 설정하고 이를 위해 임직원이 일치단결하여 매진해 나갈 때 기업은 성장, 발전해 나갈 것이다. 이 비전 속에는 원대한 목표와 함께 이를 실현시키기 위한 사업영역과 전략방향, 그리고 고객과 구성원에 대한 약속 등이 포함되어 있어야 한다.

(3) 경영이념

경영이념은 기업의 사명과 비전을 달성하기 위한 회사의 경영원칙이자 경영의 기본원리이다. 기업 활동의 성패를 좌우하는 핵심 요소 중 하나는 신속하고 올바른 의사결정과 경영의 일관성을 유지하는 것이다. 이를 위해서는 명확한 방향성과 기준이 있어야 하는데, 핵심가치는 바로 기업의 의사결정과 경영활동의 기준이 되는 경영원칙을 말하는 것이다.

(4) 행동지침

직원들의 행동지침은 직원들 모두가 가져야 할 생활자세를 요약해 놓은 것이다. 기업이 원대한 비전과 훌륭한 전략을 가지고 있다 해도 직원들의 관심과 이해를 바탕으로 한 참여가 뒷받침되지 않는다면 아무것도 달성할 수 없게 된다. 기업은 대표자 몇몇이 끌고 가는 것이 아니라 전 구성원들이 힘을 합하여 움직이는 것이다.

사례 연구 2

스웹과 스티브 잡스의 소통과 일체감

철강 왕 앤드루 카네기는 보잘것없는 학력에 잡역부에서 일했던 비서 스웹을 후계자로 삼았다. 스웹은 칭찬과 격려로 사람을 다스렸던 것이다. 스웹이 공장장으로 일할 때 '금연' 사인 밑에서 담배를 피우는 직원을 발견했다. 스웹은 미소 지으며 다가가 고급 담배 한 갑을 줬다. 그리고는 '이 담배는 밖에 나가 피우면 더 맛있을 것'이라고 충고했다. 그 직원은 정말 몸 둘 바를 모르며 미안하다고 하였다. 진심어린 충고로 사랑과 존경을 동시에 받았던 유명한 사례다. 애플 창업자인 스티브 잡스는 '카리스마 리더십'에서 '멘토 리더십'으로 바꿔 성공한 사례다. 그는 오만과 독재로 자신이 설립한 회사에서 쫓겨났다. 애플을 떠난 후 사업이 풀리지 않았다. 1986년 픽사를 인수해 차세대 운영체제를 갖춘 컴퓨터 개발을 시도했으나 실패했다. 하지만 애니메이션 감독인 존 래스터 제안에 귀를 기울여 만든 세계 최초 3D 애니메이션으로 재기에 성공한다. '토이 스토리' 원형이 되는 '틴토이'를 만들어 아카데미상 단편 애니메이션 상을 수상하고 훗날 애플 회장에 복귀한다. "직원 말을 잘 듣고 기회를 주니까 어마어마한 일이 벌어졌죠." 크게 깨우친 잡스는 경영자 중 최고 경청자 CLO(Chief Listening Officer)가 됐다.

출처: 조선일보

위의 사례에 대한 다음 질문에 대하여 각자의 생각을 정리하고, 자신의 의견을 팀원들과 공유하시오.

❶ 스웹과 스티브 잡스의 의사소통은 회사의 기업문화에 어떤 영향을 끼쳤을까?

❷ 미션과 비전을 구성원들이 공유하는 것은 왜 중요할까? 미션과 비전은 기업경영에 어떤 영향이 있을까?

03 경영참가제도의 목적과 유형

조직의 구성원들이 경영에 참여할 수 있는 방법은 무엇이 있을까? 산업민주주의의 발달과 함께 근로자 또는 노동조합을 경영의 파트너로 인정하는 협력적 노사관계가 중시됨에 따라 이들을 조직의 경영의사결정 과정에 참여시키는 경영참가제도가 논의되고 있다. 특히, 최근에는 국제경쟁의 가속화와 저성장, 급격한 기술발전과 같은 환경변화에 따라 대립적인 노사관계만으로는 한계가 있다고 지적되면서 점차 경영참가의 중요성이 커지고 있다.

1) 경영참가제도의 목적

경영참가제도의 가장 큰 목적은 경영의 민주성을 제고하는 것이다. 근로자 또는 노동조합이 경영과정에 참여하여 자신의 의사를 반영함으로써 공동으로 문제를 해결하고, 노사 간의 세력균형을 이룰 수 있다. 또한 근로자나 노동조합이 새로운 아이디어를 제시하거나 현장에 적합한 개선방안을 마련해줌으로써 경영의 효율성을 제고할 수 있다. 이를 통해 궁극적으로는 노사 간 대화의 장이 마련되고 상호 신뢰를 증진시킬 수 있다.

2) 경영참가제도의 유형

경영참가제도는 조직의 경영에 참가하는 공동의사결정제도와 노사협의회제도,

이윤에 참가하는 이윤분배제도, 자본에 참가하는 종업원지주제도 및 노동주제도 등이 있다.

(1) 경영참가

경영참가는 경영자의 권한인 의사결정과정에 근로자 또는 노동조합이 참여하는 것이다. 대표적으로 노사협의회는 노사 대표로 구성되는 합동기구로서 생산성 향상, 근로자 복지 증진, 교육훈련, 기타 작업환경 개선 등을 논의한다.

경영참가의 초기단계에서는 경영자층이 경영 관련 정보를 근로자에게 제공하고 근로자들은 의견만을 제출하는 정보참가 단계를 가진다. 정보참가 단계보다 근로자들의 참여권한이 확대되면 노사 간 서로 의견을 교환하여 토론하며 협의하는 협의참가 단계를 거친다. 다만 이 단계에서 이루어진 협의결과에 대한 시행은 경영자들에게 달려있다. 마지막은 근로자와 경영자가 공동으로 결정하고 결과에 대하여 공동의 책임을 지는 결정참가 단계이다. 이 단계에서는 경영자의 일방적인 경영권은 인정되지 않는다.

(2) 이윤참가

이윤참가는 조직의 경영성과에 대하여 근로자에게 배분하는 것으로 조직체에 대한 구성원의 몰입과 관심을 높일 수 있는 방법이다. 이는 경영의 성과증진에 근로자 혹은 노동조합이 적극적으로 기여하고 그 대가로서 임금 이외의 형태로 보상을 받는다. 이윤참가는 생산의 판매가치나 부가가치의 증대를 기준으로 성과배분을 하기도 한다.

(3) 자본참가

자본참가는 근로자가 조직 재산의 소유에 참여하는 것이다. 이는 근로자가 경영방침에 따라 회사의 주식을 취득하는 종업원지주제도, 노동제공을 출자의 한 형식으로 간주하여 주식을 제공하는 노동주제도 등이 있다. 자본참가 방식은 근로자들이 주인의식과 충성심을 가지게 되고, 성취동기를 유발할 수 있으며, 퇴직 후에 생활자금을 확보할 수 있는 한 방법이 된다.

(4) 경영참가제도의 문제점

경영참가제도를 통해 근로자들이 조직에 소속감을 느끼고 몰입하게 되어 발전적 협력이 가능하지만, 이는 모든 조직에 효과적이거나 반드시 확대되어야 할 제도는 아니다. 경영능력이 부족한 근로자가 경영에 참여할 경우 의사결정이 늦어지고 합리적으로 일어날 수 없으며, 대표로 참여하는 근로자가 조합원들의 권익을 지속적으로 보장할 수 있는가도 문제가 된다.

또한 경영자의 고유한 권리인 경영권을 약화시키고, 오히려 경영참가제도를 통해 분배문제를 해결함으로써 노동조합의 단체교섭 기능이 약화될 수 있다. 따라서 경영참가제도가 발전적으로 이루어지도록 근로자들의 경영능력을 기르고 경영자와 근로자 간 서로 협력할 수 있는 자세를 견지해야 한다.

사례 연구 3

최근 네이버가 2014년부터 약 20여 개의 독립형 '셀 조직'을 운영하여 기획, 예산, 인사 등의 권한을 위임하면서 본격적인 아메바 조직 가동에 들어갔다. 아메바는 어느 정도 성장하면 자체적으로 분열하여 여러 개의 독립된 개체로 분리되고 각 개체는 또 하나의 아메바로 성장하게 된다. 이와 같이 아메바 경영은 신속하게 환경변화에 대응하는 단세포 동물 아메바의 생존원리를 기업에 적용한 것이다.

회사조직을 공정별, 제품별로 나눠 각각의 시장에 맞춰서 독립적으로 운영하는 이러한 조직은 회사 내에 소규모 중소기업이 여러 개 있는 것과 동일한 구조다. 이 구조의 장점은 회사 규모가 커져도 사업 목적이나 업무에 따라 세부 조직으로 분열이 가능하고 세부 조직의 리더는 항상 창업자처럼 자신의 조직을 성공적으로 이끌기 위해 노력하게 되어 분위기 또한 창업 초기처럼 자신감과 역량이 넘치는 조직문화를 형성할 수 있다는 것이다.

기업의 입장에서는 위험부담도 적어진다. 아메바 경영은 조직구성원들이 단순한 노동자가 아닌 회사의 파트너로서 경영에 참가하는 '전원 참가 경영'을 실현하는 경영 기법이기도 하다.

출처: 한국경제신문

위의 사례에 대한 다음 질문에 대하여 각자의 생각을 정리하고, 자신의 의견을 팀원들과 공유하시오.

❶ 위 사례에서 네이버가 성장하게 된 원동력은 경영의 어떤 전략을 사용하였는가?

❷ 구성원들이 경영에 참가하는 것과 참가하지 않는 경영방식의 차이는 무엇이 다르게 나타날까? 우선순위 3가지를 정리하시오.

학습평가

01 다음은 경영전략 추진과정에 대한 설명이다. (   ) 안에 각각 들어갈 용어를 적으시오.

> 전략목표설정 → (   ) → 경영전략 도출 → 경영전략 실행 → 평가 및 피드백

02 조직의 경영전략은 부문전략, 사업전략, 조직전략으로 구분할 수 있으며, 이들은 위계적 수준을 가지고 있다. 이를 가장 높은 수준부터 낮은 수준으로 나열하시오.

(   ) → (   ) → (   )

03 다음은 SWOT분석에 대한 설명이다. (A), (B), (C), (D)에 각각 들어갈 적절한 용어를 적어보자.

> SWOT 분석에서 조직 내부 환경으로는 조직이 우위를 점할 수 있는 (A)와/과 조직의 효과적인 성과를 방해하는 자원, 기술, 능력 면에서의 (B)이/가 있다. 조직의 외부 환경으로 (C)은/는 조직 활동에 이점을 주는 환경요인이고, (D)은/는 조직 활동에 불이익을 미치는 환경요인이다.

(A) = ____________　　(B) = ____________

(C) = ____________　　(D) = ____________

04 다음의 경영활동을 올바르게 연결하시오.

① 차별화 전략 •　　　　• A. 대량생산, 새로운 기술 개발
② 원가우위 전략 •　　　　• B. 생산품이나 서비스 차별화
③ 집중화 전략 •　　　　• C. 산업의 특정부문 대상

05 경영전략 수립 기법에서 미션에 대한 정의를 작성하시오.

학습 내용 요약

1. 경영전략은 조직이 목표를 달성할 수 있도록 경영활동을 체계화하여 나타내주는 수단이다.

2. 경영전략 추진과정은 다음과 같다.

전략목표설정	▶ 환경분석	▶ 경영전략 도출	▶ 경영전략 실행	▶ 평가 및 피드백
• 미션 설정 • 비전 설정	• 내부역량 분석 • 외부환경 분석 (SWOT 분석 기법)	• 조직전략 • 사업전략 • 부문전략	• 경영목적 달성	• 경영전략 결과 평가 • 전략목표 및 경영전략 재조정

3. 경영전략 수립 구조는 미션 → 비전 → 전략 → 실천과제 → 실행계획 이다.

4. 경영계획 수립 시 목표설정을 위한 SMART법칙의 5가지

   (1) S (Specific) : 구체적인 목표

   (2) M (Measurable) : 측정 가능한 목표

   (3) A (Achievable) : 달성 가능한 목표

   (4) R (Realistic) : 현실성 있는 목표

   (5) T (Time – bounded) : 시간제한 목표

5. 경영참가제도의 가장 큰 목적은 경영의 민주성을 제고하는 것이다. 근로자 또는 노동조합이 경영과정에 참여하여 자신의 의사를 반영함으로써 경영의 효율성을 제고할 수 있다.

CHAPTER

05 조직의 문제해결과 의사결정

Contents

1. 문제해결과 의사결정 과정
2. 집단의사결정의 방법과 특징
3. 의사결정의 장애요인과 성공전략

학습목표

1. 문제해결을 위한 의사결정과정을 설명할 수 있다.
2. 집단의사결정의 방법과 특징을 설명할 수 있다.
3. 의사결정의 효과적인 성공전략을 설명할 수 있다.

주요 용어

문제	문제해결	의사결정
의사결정 과정	의사결정 유형	집단의사결정

미리보기

이 세상의 모든 사람은 그 자체로 창의적이다. 똑같은 사람은 존재하지 않으며 사람 그 자체로 고유하기 때문이다. 하지만 조직은 창의적이지 않을 수 있다. 바로 조직구성원들의 창의성을 죽이는 조직문화를 가지고 있는 경우이다.

우리나라에서 스티브 잡스와 같은 창의적인 사람이 나오지 않는 이유는 그와 같은 사람이 없어서가 아니라 그와 같은 사람의 창의성을 죽이는 문화 때문이다. 창의적인 문화를 갖지 못하는 조직에서는 그 누구도 창의적일 수 없다. 창의적이지 않은 조직에서는 창의적일수록 바보가 된다.

제5장에서는 문제해결을 위한 창의적 아이디어 도출방법에 대해 학습한다. 그리고 조직에서의 다양한 의사결정방법과 문제해결을 위한 기법들에 대해 이해하고 학습한다.

01 문제해결과 의사결정 과정

조직에서 여러 문제가 발생하면 구성원은 의사결정과정에 참여하게 된다. 이때 조직의 의사결정은 집단적으로 이루어지는 경우가 많으며, 여러 가지 제약요건이 존재하기 때문에 조직의 의사결정에 적합한 과정을 거쳐야 한다.

조직에서 의사결정은 개인의 의사결정에 비해 복잡하며, 신속하게 이루어져야 할 때가 많고, 확실하지 못한 환경이나 수단이나 결과가 명확하게 정의된 상태에서 이루어지기도 한다. 또한 한 사람의 관리자에 의해 결정되는 것이 아니라 많은 구성원들의 참여와 협력이 요구된다. 문제를 해결하기 위해서 여러 부서가 관여하고, 다양한 견해를 내기도 하며, 심지어 외부의 조직이 개입되기도 한다.

1) 문제의 정의

문제란 기본적으로 명확한 해결방안이 보이지 않는 바람직하지 않은 상태이다.

문제를 한마디로 정의하면 기대수준(what should be)과 현재수준(what is)의 차이이다. 기대수준은 목표, 바람직한 상태, 기대되는 결과, 있어야 할 모습 등으로 불린다. 현재수준은 현상, 예상되는 상태, 실제의 결과, 실적, 현재의 모습 등으로 불린다. 따라서 문제는 목표와 현상의 차이, 기대되는 결과와 실제 결과의 차이라고도 할 수 있다.

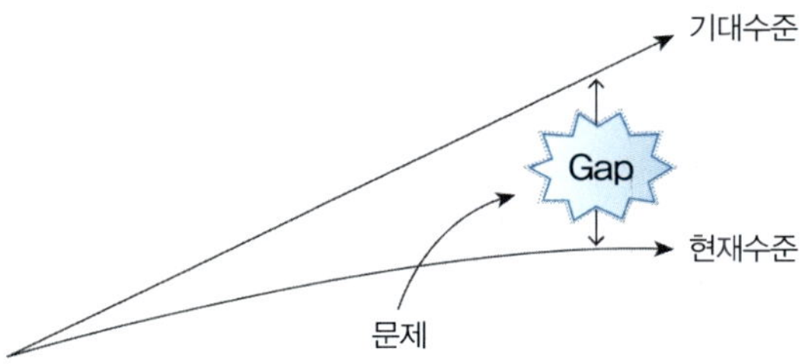

그림 5-1 문제의 정의

어느 기업이 1년 경영목표를 100억원을 목표로 하고 노력한 결과 100억원이 달성되었다면 문제가 되지 않지만, 90억원밖에 달성되지 못했다면 10억원의 Gap이 발생하므로 그 기업은 경영목표를 달성하지 못했으므로 문제가 되는 것이다.

2) 문제해결 방법

문제가 발생하면 대표적으로 창의적 방법과 분석적 방법을 통해 해결방안을 찾을 수 있다. 앞에서 언급한 10억원의 Gap이 발생할 경우, 외부적인 다른 마케팅 방안과 새로운 모델을 개발해 10억원의 실적을 올렸다면 이는 창의적 문제해결방법이고, 내부적으로 경비를 절감하고 관리성 비용과 절감 등을 통해 10억원을 절감하고 결국 이익이 100억을 달성했다면 분석적 문제해결로 경영을 이룬 것이다.

표 5-1 문제해결 방법

구 분	창의적 방법	분석적 방법
정의	현재 문제가 없더라도 보다 나은 방법을 찾기 위한 문제 탐구로 문제 자체가 명확하지 않음	현재의 문제점이나 미래의 문제로 예견되는 문제 탐구로, 문제 자체가 명확함
특징	주관적, 직관적, 정성적, 감성적, 개별적, 특수성	객관적, 논리적, 정량적, 이성적, 일반적, 공통성
해결방법	창의력에 의한 많은 아이디어의 작성을 통해 해결	분석, 논리, 귀납과 같은 논리적 방법을 통해 해결
해답 수	해답의 수가 많으며, 많은 답 가운데 보다 나은 것을 선택	해답의 수가 적으며, 한정되어 있음

3) 의사결정의 과정

조직에서의 의사결정은 문제가 확실하게 분석 가능하고 해결방안이 확실한 경우도 있지만 대부분 제한된 정보와 여러 견해들이 공유하게 된다. 또한 혁신적인 결정보다 현재의 체제 내에서 순차적·부분적으로 의사결정이 이루어져서 기존의 결정을 점증적으로 수정해나가는 방식으로 이루어진다.

따라서 조직에서의 의사결정에 대한 여러 모형들이 있지만 문제 발견에서 해결안 제시까지 구조화된 행동 순서를 나타내고 있는 점진적 의사결정 모형을 활용할 수 있다.

(1) 확인 단계

확인 단계에서는 의사결정이 필요한 문제를 인식한다. 이는 외부 환경이 변화하거나 내부에서 문제가 발생했을 때에 발생한다. 문제를 인식하면 이를 구체화하기 위하여 정보를 얻는 진단단계이다. 진단단계는 문제의 심각성에 따라서 체계적으로 이루어지기도 하며, 비공식적으로 이루어지기도 한다. 또한 문제를 신속히 해결할 필요가 있는 경우에는 진단시간을 줄이고 즉각적인 대응이 필요하다.

(2) 개발 단계

개발 단계는 확인된 문제에 대하여 해결방안을 모색하는 단계이다. 개발 단계는 2가지 방식으로 이루어질 수 있다. 먼저 조직 내의 기존 해결 방법 중에서 새로운 문제의 해결 방법을 찾는 탐색과정이다. 이는 조직 내 관련자와의 대화나 공식적인 문서 등을 참고하여 이루어질 수 있다.

이전에 없었던 새로운 문제의 경우 이에 대한 해결안을 설계해야 한다. 이 경우에는 의사결정자들이 모호한 해결방법만을 가지고 있기 때문에 다양한 의사결정 기법을 통하여 시행착오적 과정을 거치면서 적합한 해결방법을 찾아나간다.

(3) 선택 단계

해결방안을 마련하면 실행 가능한 해결안을 선택한다. 선택을 위한 방법은 3가지로 이루어질 수 있다. 이는 한 사람의 의사결정권자의 판단에 의한 선택, 경영과학 기법과 같은 분석에 의한 선택, 이해관계집단의 토의와 교섭에 의한 선택이 있다. 이렇게 해결방안이 선택되면 마지막으로 조직 내에서 공식적인 승인절차를 거친 후 실행된다.

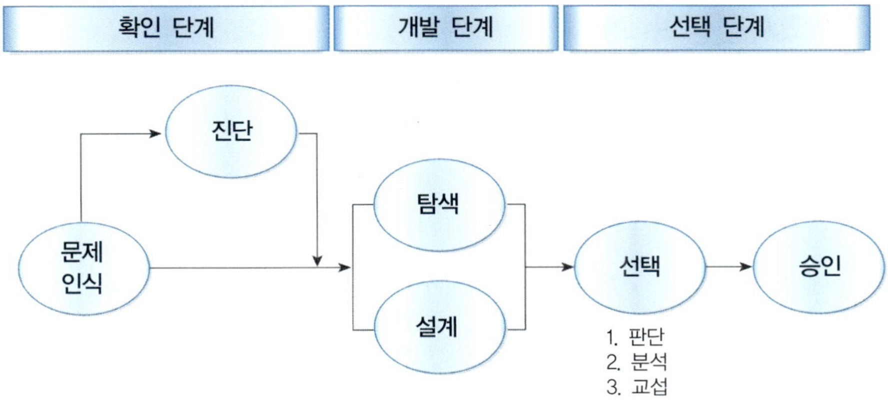

그림 5-2 의사결정의 과정

사례 연구 1

동물의 왕을 뽑기 위해 세상의 모든 동물들이 한 자리에 모였다.
육지 동물들은 사자를, 새들은 독수리를, 물고기들은 고래를 왕으로 추대했다. 한 치도 물러섬이 없이 자신들을 대표하는 동물이 왕이 되기를 원했다. 서로를 비판하는 과정에서 동물들은 사자, 독수리, 고래는 전체 동물을 대표하기에는 치명적인 약점이 있다는 사실을 알게 되었다.
사자는 하늘과 물에서 살 수가 없었다. 독수리는 하늘에서만 강하고 물에서는 살 수 없었다. 고래는 물 밖의 생활 자체가 불가능했다. 그래서 동물들은 육지, 하늘, 물의 세 지역에서 모두 살 수 있는 동물을 왕으로 선택하기로 했다.
그 결과 어이없게도 오리가 왕으로 추대 받았다. 똑똑한 사람들이 내리는 바보 같은 의사결정이다.

위의 사례에 대한 다음 질문에 대하여 각자의 생각을 정리하고, 자신의 의견을 팀원들과 공유하시오.

❶ 위의 결정은 무엇이 어떻게 잘못된 것일까?
❷ 위에서 가장 중요한 핵심은 무엇이며, 합리적으로 의사결정을 한다면 어떻게 되었을까?

02 집단의사결정

1) 집단의사결정의 개념

의사결정의 주체가 누구냐에 따라서 개인의사결정과 집단의사결정(group decision making)이 있다. 집단의사결정은 집단의 합의에 의해 이루어진다.

그러나 집단의사결정은 구성원의 의견 일치를 이루어 내려는 유형 · 무형의 압력 때문에 비합리적인 의사결정이 이루어지는 경우도 발생한다. 이를 집단사고(group think)라 한다.

2) 집단의사결정의 특징

조직 내에서는 개인이 단독으로 의사결정을 내리는 경우도 있지만 집단이 의사결정을 하기도 한다. 집단의사결정은 한 사람이 가진 지식보다 집단이 가지고 있는 지식과 정보가 더 많아 효과적인 결정을 할 수 있다. 또한 다양한 집단구성원이 갖고 있는 능력은 각기 다르므로 각자 다른 시각으로 문제를 바라봄에 따라 다양한 견해를 가지고 접근할 수 있다.

집단의사결정을 할 경우 결정된 사항에 대하여 의사결정에 참여한 사람들이 해결책을 수월하게 수용하고, 의사소통의 기회도 향상되는 장점이 있다. 반면에 의견이 불일치하는 경우 의사결정을 내리는 데 시간이 많이 소요되며, 특정 구성원에 의해 의사결정이 독점될 가능성이 있다.

3) 집단의사결정 시 유의점

(1) 집단사고의 발생원인

① 집단응집성 (우리가 남이가? 우리는 하나다)

② 리더의 행동 (사장님이 해라 했다)

③ 시간압력 (내일까지!)

④ 의사결정 절차의 부재 (반대하는 사람은 발 들어!)

(2) 집단의사결정시 유의점

① 제안에 대한 자유로운 비판이 가능한 개방적인 분위기를 조성하는 리더십이 필요하다.

② 경영자는 시간의 압력에 대하여 다각도에서 의사결정의 질을 평가하는 제도적 장치가 마련되어야 한다. 예를 들면 한 사람 이상의 구성원에게 공개적으로 반대의 의견을 제시할 수 있는 지명 반론자 역할을 부여한다.

③ 일단 결정이 내려지더라도 리더는 재차 회의를 소집하여 다시 점검, 논의하는 시간을 갖도록 한다.

4) 효과적인 집단의사결정 방법

(1) 브레인스토밍

알렉스 오스본(Alex Osborn, 1888~1966)은 광고회사 비비디오(BBDO) 창립자의 한 사람으로, 1941년에 고안한 그룹발산기법으로 그의 저서 〈독창력을 신장하라〉(1953)로 널리 소개되었다. 그는 브레인스토밍을 '머리를 써서 어떤 문제를 공격하는 것'으로 간단히 정리했는데, 이 개념은 회의실에서 신입사원들이 말을 꺼내지 못하는 것을 보고 생각했다고 한다.

오스본과 그의 동료들은 1939년에 브레인스토밍(brain storming) 기법을 창안했는데, 보통 5~8명으로 팀을 구성해 아이디어를 내고 더 좋은 아이디어로 발전시킴으로써 '두뇌 폭풍(brain storm)'을 일으킨다고 하였고, 아이디어들이 확산되며 눈덩이 뭉쳐지듯 연쇄적으로 이어지기 때문에 눈 굴리기(snow bowling) 기법이라고도 하였다.

창의적인 사고를 위한 발산방법 중 가장 흔히 사용되는 방법으로, 여러 명이 한 가지의 문제를 놓고 아이디어를 비판 없이 제시하여 그 중에서 최선책을 찾아내는 방법으로, 다음과 같은 4가지 규칙을 준수하는 것이 중요하다.

① 비판엄금

다른 사람이 아이디어를 제시할 때에는 비판하지 않는다.

② 자유발상

문제에 대한 제안은 자유롭게 이루어질 수 있다.

③ 다다익선

아이디어는 많이 나올수록 좋다.

④ 편승활용

모든 아이디어들이 제안되고 나면 이를 결합하고 해결책을 마련한다.

(2) 브레인스토밍 진행방법

① 주제를 구체적이고 명확하게 정한다

논의하고자 하는 주제는 구체적이고 명확하게 주어질수록 많은 아이디어가 도출될 수 있다. 예를 들어 '현장 사고를 줄이기 위해서는'이라는 주제보다는 '구성원 전원에게 안전헬멧 착용하는 방법'이라는 주제가 주어졌을 때 좋은 아이디어가 나오기 쉽다.

② 구성원의 얼굴을 볼 수 있는 좌석 배치와 큰 용지를 준비한다

구성원들의 얼굴을 볼 수 있도록 사각형이나 타원형으로 책상을 배치해야 하고, 칠판에 모조지를 붙이거나, 책상 위에 큰 용지를 붙여서 아이디어가 떠오를 때마다 적을 수 있도록 하는 것도 좋다.

③ 구성원들의 다양한 의견을 도출할 수 있는 사람을 리더로 선출한다

브레인스토밍 시에는 구성원들이 다양한 의견을 제시할 수 있는 편안한 분위기를 만드는 리더를 선출해야 한다. 직급이나 근무경력에 따라서 리더를 선출하는 것은 딱딱한 분위기를 만들 수 있기 때문에 분위기를 잘 조성할 수 있는 사람을 직급에 관계없이 리더로 선출해야 한다.

④ 구성원은 다양한 분야의 사람들로 5~8명 정도로 구성한다

브레인스토밍을 위한 적정 인원은 5~8명 정도가 적당하며, 주제에 대한 전문가를 절반 이하로 구성하고, 그 밖에 다양한 분야의 사람들을 참석시키는 것이 다양한 의견을 도출하는 지름길이다.

⑤ 발언은 누구나 자유롭게 할 수 있도록 하며, 모든 발언 내용을 기록한다

브레인스토밍 시에는 누구나 무슨 말이라도 할 수 있도록 해야 하며, 발언하는 내용은 요약해서 잘 기록함으로써 내용을 구조화할 수 있어야 한다.

⑥ 아이디어에 대한 평가는 비판해서는 안 된다

제시된 아이디어는 비판해서는 안 되며, 다양한 아이디어 중 독자성과 실현 가능성을 고려, 아이디어를 결합해서 최적의 방안을 찾아야 한다.

(3) 브레인라이팅

브레인라이팅(brain writing)은 1968년에 독일의 베른트 로르바흐(Bernd Rohrbach) 교수가 브레인스토밍의 문제점을 극복하기 위하여 창안한 것으로, 브레인스토밍에서는 개인의 의견이나 아이디어를 주로 말로 표현하지만 브레인라이팅에서는 문자 그대로 글로 표현한다. 그는 브레인스토밍의 문제점을 극복한다는 사명감으로 '브레인라이팅' 발상법을 제시했다. 브레인라이팅법의 장점은 다음과 같다.

- 정확한 기록을 남길 수 있다.
- 혼자서도 할 수 있다.
- 몇 천 명이 있어도 가능하다.
- 시간 관리를 완벽하게 할 수 있다.
- 구성원 전원이 참여한다.
- 한 자리에 모이지 않고 인터넷으로도 가능하다.

보통은 포스트잇을 이용하여 많이 도출된 의견을 취합하고 정리하지만 요즘과 같은 스마트 시대엔 스마트폰의 메모기능을 활용하여 본인들의 아이디어를 작성한 다음 조장에게 채팅앱으로 보내 취합하는 방법도 많이 사용된다.

(4) 브레인라이팅 진행방법

자기 생각을 말이 아니라 글로 표현한다는 점에서, 이 기법을 '침묵의 브레인스토밍'이나 핀 카드(pin-card)를 이용한 '게시판 세미나'라고도 한다.

두 명 이상이 모여 말을 하지 않고 종이에 자신의 생각을 쓴 다음, 그것을 옆 사람과 교환한 뒤 자신의 아이디어를 추가로 기록한다.

이 기법은 남 앞에서 발언하기를 꺼려하는 사람, 소극적인 사람, 체면을 걱정하는 사람, 이야기 표현에 서투른 사람에게 효과적이다. 이 기법은 아이디어 발상, 의견수렴, 문제해결을 위한 워크숍에서 참여자의 의견을 효율적으로 집약하는 데 많은 도움이 되며, ① 주제 제시 ② 의견 작성 ③ 작성 양식의 수집과 분류 ④ 그룹별 정리 및 통합 등 네 가지 단계를 거쳐 이루어진다.

사례 연구 2

티모시 가워스라는 유명한 수학자가 있다. 수학계의 노벨상인 필즈 메달을 수상했으며 헐리우드 영화들의 과학 컨설턴트로도 활동하는 수학자이다. 그런 그에게도 어려운 문제가 있기 마련이다. 매번 풀려고 노력했지만 풀지 못했던 문제 중에 '다차원 객체 속성에 대한 증명'이 있었다.
그는 자신이 풀지 못한 이 문제를 자신의 블로그에 올렸다. 그의 행동은 경쟁이 치열하고 자존심 싸움도 심한 수학계에서는 예외적인 사건이었다. 그 결과는 어떻게 되었을까?

그가 올린 프로젝트는 세계적인 방향을 일으켰다. 수많은 일반 독자들과 세계 곳곳의 대학 교수들이 문제를 풀 수 있는 새로운 아이디어와 정보를 공유하기 시작했다.
이렇게 몇 주가 지나자 이 문제를 풀기 위해 자신의 의견을 제출한 사람들이 40명을 넘어섰다. 혼자 해결할 수 없었던 문제가 집단지성의 힘으로 조금씩 풀려나가기 시작했다. 이들의 협업은 여러 편의 논문과 과학저널에 발표되기도 하였다.

이런 접근방식이 항상 성공하는 것은 아닐 것이다. 한 가지 확실한 것은 다양한 사람들이 가지고 있는 다양한 지식과 태도가 융합을 통해 놀라운 결과를 만들어 낸다는 것을 증명한 것이다. 집단의사결정도 다양한 사람들의 다양한 경험과 아이디어에서 창조될 수 있는 융합적인 의사결정방법인 것이다.

위의 사례에 대한 다음 질문에 대하여 각자의 생각을 정리하고, 자신의 의견을 팀원들과 공유하시오.

❶ 풀리지 않던 문제가 집단지성의 힘으로 풀 수 있었던 원인은 무엇일까?

❷ 위와 같은 집단의사결정방법에서 무엇을 적용할 수 있을까?

03 의사결정의 장애요인과 성공전략

경영은 수많은 의사결정으로 이루어진다. 특히, 기업 전체의 나아갈 방향을 결정하는 경영진의 의사결정은 기업의 생존과 멸망을 좌우할 정도로 매우 중요하다. 이러한 의사결정의 주체는 사람인 경영자다. 아무리 많은 컨설턴트나 비즈니스 전문가들의 분석과 조언, 풍부한 정보, 체계적인 의사결정 시스템 등이 있더라도 의사결정자의 왜곡되고 편협한 관점과 사고로 인해 잘못된 방향으로 판단하는 경우가 종종 있다.

스마트폰이 활성화되기 이전 노키아는 고가의 제품부터 저가의 제품까지 제품 라인업을 갖추며, 전 세계 시장 점유율에서 1위의 자리를 유지하고 있었다. 급변하는 소비자의 요구에 맞추기 위하여 노키아 내부에서는 터치스크린 개발과 노후화 된 OS의 성능 개선방안이 지속적으로 제시되었으나, 시장성과 사업성의 불확실성으로 인해 어느 경영진 누구도 관심을 갖지 않았다. 아이폰과 안드로이드가 점차 성장함에 따라 노키아의 시장 점유율은 계속 하락하게 되었고, 결국 노키아는 마이크로소프트사에 의해 인수되었다. 이처럼 기업 경영에 있어서의 의사결정은 기업의 존폐를 결정지을 수 있는 매우 중요한 경영활동이기에 어떻게 의사결정을 하는가에 대한 방법도 매우 중요한 것이다.

1) 집단의사결정의 장애요인

경영층 또는 높은 응집력(예, 위원회, 임원회의)을 가진 집단에서 구성원 상호간의 합의에 의해 이뤄진 의사결정은 오히려 의사결정 장애요인을 낳기도 한다. 집단의 응집력이 강하면 강할수록 구성원은 그 의사결정에 보다 많은 신뢰를 하며, 집단의 의사결정이 개인의 의사결정보다 뛰어나다고 생각하지만 모두 그런 것만은 아니며 장애가 되기도 한다.

(1) 무비판의 환상

집단의 의사결정은 개인의 비판 대상이 될 수 없다는 생각

(2) 집단 도덕성의 환상

자신이 속한 집단은 도덕적으로 행동하고 의사를 결정한다는 생각

(3) 만장일치의 환상

집단의사결정에서 만장일치를 이룰 수 있다는 생각

(4) 집단 합리성의 환상

집단의 의사결정은 합리적이고 최적의 결론이라는 생각

(5) 경쟁자에 대한 고정관념

경쟁자를 지나치게 사악하게 보거나 어리석게 보는 관점

(6) 자기검열

집단의 기준에서 벗어나는 개인적 의문을 외부에 표출하지 않는 것

(7) 동료의 압력

집단의 의사결정에 의문을 갖는 개인에게 집단에 대한 충성심을 보이고 동조하도록 다른 구성원이 압력을 넣는 것

(8) 조직수호자

집단의 평화를 저해하는 부정적인 정보로부터 집단을 보호하려는 역할을 수행하는 자

2) 조직의 의사결정 훈련

(1) 합리적 의사결정의 특징

조직단위의 의사결정의 순간에 각기 다른 성향과 특징을 나타나게 된다. 의사결정의 유형별 특징을 통해 조직과 개인의 의사결정 과정에서 지혜롭고 신중한 자기관리를 할 수 있다.

표 5-2 조직단위 의사결정의 유형별 특징

유 형	유형별 주요 특징
합리적 유형	의사결정을 전체적이고 종합적인 시각에서 볼 수 있다. 조직의 상황에 대한 정확한 정보를 수집하고 종합적으로 결정을 내리고 그 결정에 대해 책임을 진다. ① 의사결정이 신중하고 합리적이다. ② 심리적 독립과 성장에 도움이 된다. ③ 잘못 되거나 실패할 확률이 낮다. ④ 의사결정에 시간이 걸린다.
직관적 유형	미래를 별로 고려하지 않고 현재의 감정에 주의를 기울인다. 정보 탐색이나 논리적인 평가 없이 상상과 정서적 생각에 근거해서 결정을 내리지만 그 결정에 대해서는 책임을 진다. ① 의사결정이 즉흥적이고 감정적이다. ② 스스로의 선택에 책임을 진다. ③ 잘못되거나 실패할 확률이 높다. ④ 의사결정이 신속하고 빠르다.
의존적 유형	사회적 안정에 대한 욕구가 강하고 의사결정 상황이 여러 가지에 제한 받는다고 생각한다. 의사결정과정에서 대표자나 부서장에 의한 영향을 많이 받고 결정에 대한 책임을 부정한다. ① 의사결정이 수동적이고 순종적이다. ② 개인적 독립이나 성숙을 방해한다. ③ 실패했을 때는 남의 탓을 한다. ④ 결정을 내릴 때 정서적으로 불안을 내린다.

(2) 합리적 의사결정을 위한 진단 질문법

표 5-3 5W 1H 질문법

5W 1H	질문 형태	체크 포인트
Why	이 일을 왜 하는가? (목적)	• 그것을 중지할 수 없는가? • 일부를 변경하면 어떨까?
When	언제 할 것인가? (시기, 시간)	• 시기를 바꿀 수 없는가? • 동시에 할 수 없는가?
Who	조직에서 누가 하는가? (사람, 부서)	• 사람을 바꿀 수 없는가? • 그 사람이 추가로 담당하면 어떨까?
Where	어디서 할 것인가? (장소)	• 장소를 바꿀 수 없는가? • 같은 자리에서 할 수 없는가?
What	무엇을 할 것인가? (대상)	• 그것이 아니면 안 되는가? • 모양을 변경할 수 없는가?
How	어떻게 하는가? (방법)	• 다른 방법은 없는가? • 더 축소(연장)할 수 없는가?

사례 연구 3

의사결정의 다양한 사례

고객들이 상품을 결정하거나 구입하는 의사결정에는 고객의 욕구와 심리에 많은 영향을 미치는 변수들이 복잡하게 얽혀져 있다. 사례를 통해 바람직한 의사결정을 토의하시오.

[사례 1] S건설회사의 마케팅부서에 근무하는 김 부장의 아내는 최근 TV 화질이 선명하지 않다는 생각을 하고 있었는데 마침 삼성 Curved UHD TV 광고가 나오자 TV를 새로 구입해야겠다는 생각이 들었다.

[사례 2] TV를 사고 돌아오는 길에 7년간 타던 소나타 승용차가 문제를 일으켜 김 부장은 긴급히 차를 A/S센터에 맡기고 집으로 오면서 아무래도 새 차를 구입하여야겠다는 생각을 하였다. 다음날 출근길에 직장동료 박 부장의 그랜저를 함께 타고 가면서 그랜저에 대해 자세히 물어 보았다. 처음부터 현대차를 애용해 온 박 부장은 가격과 품질 면에서 그랜저만한 차가 없다고 그랜저를 권유하였다.

[사례 3] 소복을 차려입은 묘령의 여인이 긴 생머리를 풀어헤치고 나무 위에 앉아 있다. 언뜻 무서울 수 있지만 머리에 꽂은 커다란 여우 귀와 특유의 애교로 지나치는 관람객들의 마음을 붙잡는다. 이 여인의 정체는 한국 민속촌의 구미호 알바생이다. 민속촌에 다녀온 남자 관람객이 "구미호에게 홀려 버렸다"라고 후기를 남기며 입소문을 타기 시작했다.

[사례 4] 직장인 L씨는 퇴근 뒤 잠들기 전까지 스마트폰에 빠져드는 것이 보통이다. 특히 남편과 함께 침대에 누워서도 2시간 정도 각자 뉴스검색, 주식시장 점검, 페이스북을 즐긴다. 그러나 바로 옆에 있는 남편에게 카카오톡을 날린다. 그리고 인터넷 쇼핑앱에 들어가 주말에 필요한 물건을 주문한다.

---

❶ 위의 사례에서 합리적인 의사결정과 그렇지 못한 의사결정에는 어떤 것이 있을까?

❷ 우리가 매일 의사결정을 하게 되는데 어떤 과정과 방법으로 하는 결정이 합리적일까?

학습평가

01 조직 내 의사결정 과정에 대한 설명으로 잘못된 것은?

① 진단단계는 문제의 심각성에 따라서 체계적 혹은 비공식적으로 이루어진다.
② 개발단계는 확인된 문제에 대하여 해결방안을 모색하는 단계이다.
③ 설계단계에서는 조직 내의 기존 해결방법을 검토한다.
④ 실행 가능한 해결안의 선택은 의사결정권자의 판단, 분석적 방법 활용, 토의와 교섭으로 이루어질 수 있다.

02 조직단위 의사결정 유형 3가지를 쓰시오.

(　　　　　　　　), (　　　　　　　　), (　　　　　　　　)

03 합리적 의사결정을 위한 질문법과 체크사항을 맞도록 연결하시오.

① Why •	• A. 사람을 바꿀 수 없는가?
② Who •	• B. 다른 방법은 없는가?
③ How •	• C. 일부를 변경하면 안될까?

04 브레인스토밍의 4가지 원칙에 대해 쓰고 설명하시오.

학습 내용 요약

1. 조직에서 여러 문제가 발생하면 구성원은 의사결정과정에 참여하게 된다. 이때 조직의 의사결정은 집단적으로 이루어지는 경우가 많으며, 여러 가지 제약요건이 존재하기 때문에 조직의 의사결정에 적합한 과정을 거쳐야 한다.

2. 문제란 기본적으로 명확한 해결방안이 보이지 않는 바람직하지 않은 상태이다.
   문제를 한마디로 정의하면 기대수준(what should be)과 현재수준(what is)의 차이이다.

3. 조직 내에서는 개인이 단독으로 의사결정을 내리는 경우도 있지만 집단이 의사결정을 하 기도 한다. 집단의사결정은 한 사람이 가진 지식보다 집단이 가지고 있는 지식과 정보가 더 많아 효과적인 결정을 할 수 있다.

4. 브레인스토밍은 4가지 원칙을 준수하여야 한다.

   ① 비판엄금
   다른 사람이 아이디어를 제시할 때에는 비판하지 않는다.

   ② 자유발상
   문제에 대한 제안은 자유롭게 이루어질 수 있다.

   ③ 다다익선
   아이디어는 많이 나올수록 좋다.

   ④ 편승활용
   모든 아이디어들이 제안되고 나면 이를 결합하고 해결책을 마련한다.

5. 브레인라이팅은 글로 자신의 의사를 표현하는 것이며 브레인스토밍의 문제점을 극복했고 장점은 다음과 같다.

   ① 정확한 기록을 남길 수 있다.

   ② 혼자서도 할 수 있다.

   ③ 몇 천 명이 있어도 가능하다.

   ④ 시간 관리를 완벽하게 할 수 있다.

   ⑤ 구성원 전원이 참여한다.

   ⑥ 한 자리에 모이지 않고 인터넷으로도 가능하다.

Memo

PART 3

조직체제이해능력

Chapter 06 조직체제의 구성요소

Chapter 07 조직의 구조

Chapter 08 조직문화와 변화관리

CHAPTER

06 조직체제의 구성요소

Contents

1. 조직의 미션 · 비전
2. 조직의 목표와 규칙
3. 조직의 핵심가치

학습목표

1. 조직의 미션과 비전을 설명할 수 있다.
2. 조직의 목표를 설명할 수 있다.
3. 조직의 핵심가치와 규칙을 설명할 수 있다.

주요 용어

조직구조	미션 · 비전	핵심가치
조직목표	규칙	

미리보기

조직은 공통된 목표를 달성하기 위하여 모인 사람들의 집합체로 정의될 수 있다. 이처럼 조직은 특정 목표달성을 목적으로 하고 있으므로, 조직구성원들이 조직의 목표를 제대로 알고 자신의 업무를 수행하는 것이 바람직하다.

당신은 회사의 비전과 목표를 이끌 수 있는가?

삼성그룹은 1994년부터 삼성물산을 통해 패션전문점인 "유투존"과 대형백화점인 "삼성플라자"를 비롯하여 새로운 유통업태인 할인점 사업을 수행하기 위해 "홈플러스(Home Plus)"라는 브랜드를 1997년 도입하였다.

그러나 겨울에 갑자기 불어 닥친 IMF 외환위기의 영향으로 유통사업은 큰 어려움을 맞게 되었다. 이를 극복하고 할인점 사업을 계속 영위하기 위해서 불가피하게 1년여의 합작파트너 물색과정에서 영국의 소매유통 1위 기업인 테스코가 파트너로 선정되었고 199년 5월 합작사 테스코 설립 시 유통부문을 이끌던 이승한 사장을 포함 모든 임직원이 신설회사 삼성테스코로 소속이 바뀌는 큰 변화를 겪었다.

그 당시 국내 할인점은 이미 4~5개 대형시장이 있었으며 시장 선점을 위해 공격적인 전략으로 대형 할인점 수가 100여 개에 육박하고 있었다. 삼성테스코는 회사출범과 동시에 이승한 사장을 비롯한 경영진이 한국과 영국의 기업문화가 합쳐진 시너지를 실현하여 최고의 경쟁력을 지닌 회사로 만들기 위한 경영체계(Management Structure)를 구축하는 작업을 시작하였다. 삼성테스코의 경영체계는 기존의 삼성과 테스코의 강점을 우선으로 하여 삼성테스코만의 독특한 경영체제를 만들었고 신생기업에 불만과 불안감에 있는 직원들에게 이승한 사장은 명확한 비전을 제시하고 이를 달성할 수 있는 핵심사명과 핵심가치를 구축하였다. 그리고 미션, 비전 핵심가치가 조직 내 전체 공유되고 모든 사업현장에서 실행될 수 있는 도구로서 Fun경영 프로그램으로 자리 잡아 오늘의 삼성테스코를 만들었다고 평가하고 있다.

출처: 국내대학컨설팅 선두기관 CQI컨설팅_삼성테스코 fun경영과 조직활성화사례

제6장에서는 조직의 미션과 비전을 이해하고 조직의 핵심가치를 통하여 조직 문화에 참여하는 방안에 대하여 탐구한다.

01 조직의 미션 · 비전

조직은 하나의 체제(system)이다. 조직은 다양한 요소들로 구성되어 있기 때문에 조직을 이해하기 위해서는 조직의 한 단면만을 보고 판단해서는 안 된다. 이처럼 특정한 방식이나 양식으로 서로 결합된 부분들의 총체를 체제라고 한다.

조직은 목적과 목표를 가지고 있으며, 이를 달성하기 위해 다양한 조직구조를 사용한다. 이렇게 조직이 형성되고 발전되면 조직구성원들이 공유하는 가치관, 신념, 규범 등의 조직문화가 형성되게 된다. 또한 조직의 효율성을 높이기 위해서 규칙과 규정을 제정하고 업무를 분화한다. 따라서 직업인은 한 조직의 구성원으로서 조직의 구조와 목적, 체제 구성요소, 규칙, 규정 등 자신이 속한 조직의 체제를 이해하는 조직체제 이해능력이 요구된다.

1) 조직의 미션

국어사전은 미션을 '목표나 목적'이라고 말하며, 비전은 '내다보이는 장래의 상황'으로 표기하고 있다. 기업에서는 미션과 비전을 갖추어 조직에 함께 유기체가 될 구성원을 원하고 있으며 이 구성원들로 이루어진 조직의 체제는 조직목표, 조직구조, 조직문화, 규칙 및 규정으로 이루어진다.

조직의 목표는 조직이 달성하려는 장래의 상태로 조직이 존재하는 정당성과 합법성을 제공한다. 조직목표에는 전체 조직의 성과, 자원, 시장, 인력개발, 혁신과 변화, 생산성에 대한 목표가 포함된다.

조직구성원들이 자신의 업무에 몰입하고 성실하게 일을 수행한다고 하여 전체 조직의 목표가 달성되는 것은 아니다. 조직의 미션과 비전은 조직이 달성하려는 미래의 상태로 대기업, 정부부처, 종교단체를 비롯하여 심지어 작은 가게도 달성하고자 하는 목표를 가지고 있다. 조직의 목표는 미래지향적이지만 현재의 조직행동은 방향을 결정해 주는 역할을 한다.

2) 조직의 비전

조직의 비전은 가치체계를 가시적인 형태로 보여지게 만든 것으로 조직의 성장을 위해 꾸준히 발전해 온 것과 그 중요성 그리고 구성원들의 핵심가치와 실천사례 등의 공유를 바탕으로 보다 나은 미래설계를 하기 위한 전략적인 역할을 한다.

조직 비전의 역할

- 조직 전체의 성과
- 조직이 나아갈 시장성
- 조직의 자원
- 조직의 인력개발
- 조직의 생산성
- 조직의 혁신과 변화

사례 연구 I

스타벅스 비전

커피는 우리 생활에서 이제는 제2의 물처럼 편히 마시는 음료수가 되었다. 작년 한 해 우리 국민들이 마신 커피의 양은 250억 잔. 국민 1인당 1년 동안 약 500잔씩 먹은 셈이다. 길을 걷다 보면 가장 많이 눈에 들어오는 것들이 편의점, 교회 십자가, 치킨집 그리고 커피전문점이다. 가히 대한민국을 이제 '커피 공화국'이라 불러도 될 정도이다.

국내에는 지금 수많은 커피 전문 브랜드가 그야말로 치열한 전쟁 중이다. 그중에서 가장 상위 포식자는 스타벅스이다. 20세기 말 한국에 상륙한 스타벅스는 현재 전국 약 1000개의 매장에서 매출 1조원(2016년 기준)을 돌파한 '대한민국 커피의 성지'가 되었다. 부동산에서는 '스타벅스 입점 효과'라는 말이 생길 정도로 스타벅스는 커피 전문점을 떠나 지역 랜드마크가 될 정도로 브랜드 가치를 평가 받고 있다.

그렇다면 무엇이 사람들로 하여금 스타벅스를 찾게 하는 힘일까? 맛, 매장 인테리어, 차별화된 서비스 등 이유는 많겠지만 우리가 기억하는 '스타벅스만의 독특한 분위기'는 분명 따로 있다. 그것을 스타벅스는 '경험'이라고 말한다. 단순히 커피를 파는 곳이 아닌, 커피로 사람과 사람이 관계를 맺고 소통하는 장소라는 것이다. 바로 이러한 스타벅스만의 독특하고 차별화된 이미지를 구축한 이가 바로 하워드 슐츠이다.
그는 스타벅스의 창업자는 아니다. 작지만 단단한 상점 스타벅스를 인수해 지금의 '커피 제국'을 만든 제2의 창업자이며, 브랜드 마케터이다. 하워드 슐츠는 불과 30여 년 만에 전 세계에 스타벅스를 전파하고, 스타벅스의 고유 문화를 만들었다. 오늘날, 스타벅스는 전 세계 약 70여 개국, 2만6000여 개의 매장에서 연 약 200억 달러의 매출을 올리는 글로벌 기업이 되었다. 세계 100대 브랜드에 선정되는 것은 물론이고 〈포춘〉지가 선정한 가장 가치 있는 브랜드 100에 항상 포함되는 국제 브랜드가 된 것이다.

스타벅스는 프랜차이즈답게 세계 어느 곳에서나 균일한 품질, 같은 감성을 제공한다. 일테면 스타벅스의 내부 인테리어 색감은 통일되어 있고, 각 색마다 의미가 있다. 레드는 '원두'를, 블루는 '물'을, 그린은 '식물'을, 브라운은 '땅(흙)'을 상징한다.

무엇보다 사람들이 비싼 값을 치르면서 스타벅스를 찾는 이유로는 커피의 맛도 중요하지만 스타벅스에서만 느낄 수 있는 '감성적 체험'이 있다. 하워드 슐츠는 "스타벅스가 새로운 것을 만들어낸 것은 아무것도 없다. 하지만 **스타벅스는 완벽한 경험을 고객에게 제공한다. 즉 커피를 제공하는 것이 아니라 커피를 통해 고객에게 만족할 만한 경험을, 기억을 주는 공간이 되는 것이다"라고 스타벅스에 대해 공간적 정의를 내렸다.** 그는 집, 직장 그리고 스타벅스라는 트라이앵글을 통해 사람들에게 스타벅스를 집, 직장과 동등한 장소로 인식시킨 것이다. 편안한 장소에서 편안하게 시간을 보내며 감성적 체험을 할 수 있는 곳이라는, 스타벅스만의 마케팅을 창안한 하워드 슐츠야말로 위대한 마케터인 것이다.

물론 스타벅스의 화려하고 거대한 숫자적 성공만으로 하워드 슐츠를 평가하는 것은 그에게 약간의 실례(?)일 수 있다. 사실 하워드 슐츠 리더십의 본질은 스타벅스의 수치로 보는 성공이 아닌 스타벅스라는 **조직을 움직이는 하워드 슐츠의 '인간 경영' 리더십에 있다.** 그는 말한다. "나 홀로 성공하는 것은 공허할 뿐이다. 많은 사람들과 함께 성공에 도달해야 값진 것이다. **얼마를 버느냐도 중요하지만 '위대한 회사'를 만드는 것이 더 중요하다. 위대한 회사는 바로 사람을 존중하는 회사이다."** 스타벅스에서 최우선되는 원칙은 고객존중이 아니다. 고객존중은 두 번째 가치이다. **스타벅스의 첫 번째 가치는 '직원 만족, 직원의 행복'이다.**

자료: 하워드 슐츠 · 조앤 고든 저, 안진환 · 장세현 역(2011). 온워드 8.0. 에이트포인트.

스타벅스의 사례를 읽고 다음 질문에 대한 자신의 의견을 정리하여, 그 결과를 팀원과 공유하시오.

1. 스타벅스의 미션과 비전은 무엇인가?
2. 스타벅스의 핵심가치는 무엇인가?
3. 하워드 슐츠의 리더십 철학과 브랜드전략은 무엇인가?

02 조직의 목표와 규칙

1) 조직의 목표

조직의 목표란 조직이 달성하려고 하는 소망스러운 상태(desired state)를 의미한다. 조직의 목표는 조직활동의 방향을 제시하고 현재 활동에 실질적 영향을 미치는 사회적 힘을 가지고 있다. 조직이 목표는 조직의 합법성 및 정당성의 근거를 제공하고, 조직구성원의 행동의 기준을 제공하고 동기를 부여하며, 의사결정의 지침을 제공하고, 나아가 효과성 평가의 기준을 제공하는 기능을 수행한다.

(1) 조직문화

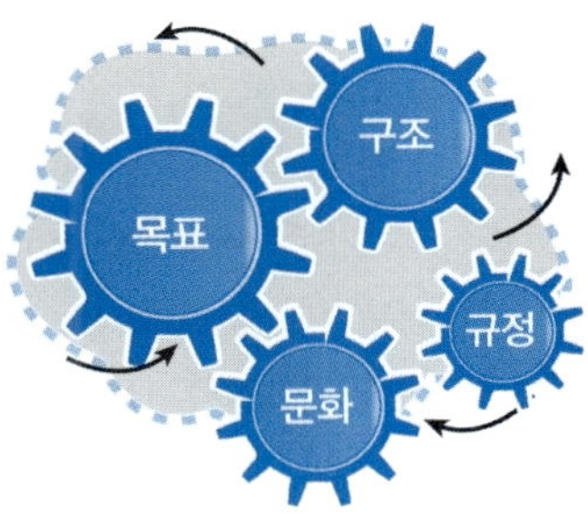

조직에서는 조직구성원들 간 생활양식이나 가치를 공유하게 되는데, 이를 조직문화라고 한다. 조직문화는 조직구성원들의 사고와 행동에 영향을 미치며 일체감과 정체성을 부여하고 조직이 안정적으로 유지되게 한다. 이에 따라 최근 조직문화에 대한 중요성이 부각되면서 조직문화를 긍정적인 방향으로 조성하기 위한 경영층의 노력이 이루어지고 있다. 조직의 규칙과 규정은 조직의 목표나 전략에 따라 수립되어 조직구성원들이 활동범위를 제약하고 일관성을 부여하는 기능을 한다. 예를 들어 인사규정, 총무규정, 회계규정 등이 있다. 특히 조직이 구성원들의 행동을 관리하기 위하여 규칙이나 절차에 의존하고 있는 공식화 정도에 따라 조직의 구조가 결정되기도 한다.

(2) 조직목표의 기능과 특징

① 조직목표의 기능

조직의 목표는 앞으로 나아가야 하는 조직의 방향을 제시하고 조직구성원의 행동기준을 제공하며 동기부여와 조직구성원의 의사결정의 기준을 갖게 한다. 조직목표는 공식적 목표와 실제적 목표가 다를 수 있다. 즉, 조직이 존재하는 이유와 관련된 조직의 사명과 사명을 달성하기 위한 세부목표를 가지고 있다. 조직의 사명은 조직의 비전, 가치와 신념, 조직의 존재이유 등을 공식적인 목표로 표현한 것이다. 반면에, 세부목표 혹은 운영목표는 조직이 실제적인 활동을 통해 달성하고자 하는 것으로 사명에 비해 측정 가능한 형태로 기술되는 단기적인 목표이다. 조직의 사명은 조직이 존재하는 정당성과 합법성을제공하는 데 반해, 운영목표는 조직이 나아갈 방향을 제시하고 조직구성원들이 여러 가지 행동대안 가운데서 적합한 것을 선택하고 의사결정할 수 있는 기준을 제시한다. 또한 조직구성원들이 공통된 조직목표 아래서 소속감과 일체감을 느끼고 행동수행의 동기를 가지게 하며, 조직구성원들의 수행을 평가할 수 있는 기준이 된다. 또한 조직구조나 운영과정과 같이 조직체제를 구체화할 수 있는 기준이 된다.

조직목표의 기능

- 조직이 존재하는 정당성과 합법성 제공
- 조직이 나아갈 방향 제시
- 조직구성원 의사결정의 기준

- 조직구성원 행동수행의 동기유발
- 수행평가 기준
- 조직설계의 기준

② 조직목표의 특징

조직은 다수의 조직목표를 추구할 수 있다. 이러한 조직목표들은 위계적 상호관계가 있어서 서로 상하관계에 있으면서 영향을 주고받는다. 또한 조직목표들은 조직의 구조, 조직의 전략, 조직의 문화 등과 같은 조직체제의 다양한 구성요소들과 상호관계를 가지고 있다. 그런데 이러한 조직목표들은 한번 수립되면 달성될 때까지 지속되는 것이 아니라 환경이나 조직 내의 다양한 원인들에 의하여 변동되거나 없어지고 새로운 목표로 대치되기도 한다. 조직목표가 수정되거나 새로운 목표가 형성되는 데 영향을 미치는 조직 내적 요인으로는 조직 리더의 결단이나 태도변화, 조직 내 권력구조 변화, 목표형성과정 변화 등이 있으며, 외적 요인으로는 경쟁업체의 변화, 조직자원의 변화, 경제정책의 변화 등이 있다.

조직목표의 특징

- 공식적 목표와 실제적 목표가 다를 수 있음
- 다수의 조직목표 추구 가능
- 조직목표 간 위계적 상호관계가 있음
- 가변적 속성
- 조직의 구성요소와 상호관계를 가짐

(3) 조직목표의 분류

① 공언된 목표(Stated Goal)와 실제 목표(Real Goal)

공언된 목표는 공식적으로 내세운 목표이다. 한편 실제 목표는 사실상의 목표를 의미한다.

② 상위목표와 하위목표

목표-수단 체계에 있어 상위의 목표들을 상위목표, 상위목표와 수직적으로 연결된 하위의 목표들을 하위목표라 한다.

2) 조직의 규칙

조직과 사회에는 반드시 규칙이 형성된다. 예시로는 직장 내 출·퇴근 시간 및 업무규칙, 행동규정 등 조직구성원들이 지켜야 하는 도리, 약속을 나타낸다. 조직구성원이 동일한 장소에 모여서 업무를 시작하고 업무활동을 통해 성과를 창출하기 위해서 정해진 규칙과 함께 행동하여 조직의 원활한 성장을 목표하기 위한 약속이다. 일반적인 이해를 위해서는 기업의 홈페이지 안에 근무규칙이나 복리후생, 지원절차 등을 살펴보면 조직이 제시하는 약속을 담은 규칙 등이 나타나 있다.

사례 연구 2

국내 최고의 영업 조직으로 알려진 ○○회사 국내영업부에는 매출 목표달성에 관한 KPI(Key Performance Indicators)가 존재하지 않는다. 한때 ○○회사 내부에도 매출목표 달성에 대한 KPI가 중요시 되던 적이 있었다. 하지만 매출 드라이브로 영업조직을 움직이다 보니 정도가 아닌 편법이 잠식해 들어오기 시작했다.

특히 직영점이 아닌 경우 업계에서 비일비재하게 일어나는 밀어내기나 덤핑 판매로 인해 자사제품 보호가 쉽지 않았으며, 실제 소비자에게 판매된 것도 아닌데 장부상 매출 기록으로 가득한 상품들이 유통창고에 쌓여서 재고부담으로 인해 유통점이 도산하거나 과중한 자금부담으로 어려움을 겪게 되었다. 반복되는 악순환을 끊기 위해 전사적으로 품질경영을 선언하고 적정수준으로 도매가격을 유지되도록 수급조정을 하였으며 고객에게 정확히 판매된 만큼만 생산하도록 후 보충 생산시스템을 도입하였다. 유통점은 재고부담을 덜었고 매출 거품도 없어졌다.

아울러 ○○회사는 국내영업에서 매출목표를 영업평가 기준에서 없앴다. 오로지 고객만족 관련 지수만을 평가의 잣대로 삼고 회사의 경영을 목표로 하였다.

2년 후 고객관리를 집중으로 한 경영목표에 따라 매출을 강조하지 않아도 매출은 저절로 상승하였으며, ○○회사 제품은 고객의 신뢰를 받으며 더욱 성장하였을 뿐 아니라 탄탄한 수익을 올리는 구조로 안착하였다.

자료: KPI란(Key Performance Indicators) - 핵심성과지표

조직은 특정 목표달성을 목적으로 하고 있으므로, 조직구성원들이 조직의 목표를 제대로 알지 못하면 자신에게 주어진 업무를 성실히 수행한다고 하더라도 오히려 조직 전체의 손실을 끼치는 경우가 있다. 위의 사례에 대한 다음 질문에 대하여 각자의 생각을 정리하고, 자신의 의견을 팀원들과 공유하시오.

❶ 조직구성원들이 조직의 목표를 왜 알아야 하는지 생각해보고 자신의 의견을 제시하시오.

❷ 내가 속한 조직의 목표를 생각하고 자신의 업무에 맞추어 행동해야 할 목표를 작성하시오.

❸ 매출목표와 이익목표, 고객만족목표가 서로 충돌(상충)할 때 무엇이 우선되어야 한다고 생각하는가? 그 이유는 무엇인가?

03 조직의 핵심가치

1) 조직의 핵심가치

조직의 핵심가치는 조직구성원 모두가 공유하는 공통의 가치로 '현재 조직이 가장 중요시하는 가치가 무엇인지'에 대한 설문이나 의견반영을 통하여 완성된다.

2) 핵심가치의 전파와 공유

(1) 조직의 비전을 명확히 하라

비전이 명확한 조직은 구성원들이 회사의 가치관, 업무영역 구분, 목표와 전략

등에 대해 같은 입장을 취하기 때문에 일의 핵심이 명확해지고, 업무가 효율적으로 돌아가게 된다. 이를 위해서는 '우리 조직만의 존립 목적은 무엇인가', '어떤 차별화된 전략으로 사업에 임하고 있는가', '이 달, 올해, 내년, 그리고 5년 뒤의 목표는 무엇인가' 등에 대답할 수 있어야 한다.

(2) 조직의 비전에 대해 자주 의사소통하라

조직의 비전을 수립하고 나면 그 내용을 전 직원에게 정확히 전달해야 한다. 이때 메시지는 간단명료한 것이 좋으며, 다양한 매체를 통해 반복적으로 전달해야 한다. 특히 '계단식 의사소통'을 활용하면 효과적이다. 의사소통이 자주 이루어지는 조직은 회사의 목적과 방향을 전 직원이 공유하고 있기 때문에 부서 간 갈등이나 구성원 간 위화감이 생기지 않는다.

(3) 인력시스템 구축으로 조직의 비전을 강화하라

조직의 비전을 유지하고 강화하기 위해서는 탄탄한 인력시스템 구축이 수반되어야 한다. 인력시스템을 적절히 구축하고 활용할 줄 아는 조직은 구성원 모두 조직의 명확한 비전에 비추어 필요하다고 판단될 때 채용되고, 관리되고, 보수를 받고, 해고될 수 있다는 사실을 분명히 한다. 이렇게 되면 경영환경의 변화가 심해져도 조직은 정체성과 방향성을 잃지 않게 된다.

(4) 리더들이 단결을 구축하고 유지하라

리더, 즉 경영진이 단결하려면 신뢰가 구축되어야 하고, 조직 내 정치적 행동이 없어야 한다. 서로에 대해 잘 알고 굳게 믿는 관계가 형성되면 치열하게 논쟁을 벌이다가도 궁극적으로는 회사의 이익에 가장 기여하는 방향에 맞추어 모든 사람들이 공감할 수 있는 의사결정을 내리게 된다. 또한 직원들의 업무혼란을 제거하여 회사의 목표달성에 모든 에너지를 집중하게 된다.

사례 연구 3

애플과 아마존을 성공으로 이끈 핵심 가치

21세기 들어 혁신기업의 대표주자들 가운데 애플과 아마존은 가장 높은 빈도로 거론되는 기업 중 하나일 것이다. 가장 혁신적인 기업으로, 시장의 평가인 시가총액이 가장 큰 기업으로, 애플과 아마존의 성공 비결은 무엇일까?

애플의 핵심 철학, 핵심 가치는 'Think Different'라는 슬로건으로 집약된다. 다르게 생각하는 것이 아니라 다른 것을 생각하라는 말일 것이다. 그리고 그 슬로건은 이전에 존재하지 않았던 아이폰이라는 걸출한 제품을 인류에게 안긴 바 있다. 세상을 바꿀 수 있다고 믿는 미친 사람들의 성과인 것이다.

아마존의 핵심 가치는 그들의 비전(Vision)에 잘 표현되어 있다. "지구상의 가장 고객 중심적인 회사가 되자(To be earth's most customer centric company)"라는 비전이 핵심 철학으로 유지되면서 아마존은 전자상거래 시장의 절대강자로 올라설 수 있었다. 잘 알려진 것처럼, 아마존은 창립 이래 이익을 내고 배당을 하기보다는 성장을 위한 내부 투자에 집중해왔고, 이는 모두 일관되게 고객 지향적인 관점에서 결정이 내려졌다. 제프 베조스의 냅킨 스케치. 이에 따르면 낮은 비용구조가 저가상품을 가능케 해 고객의 만족도를 높인다. 이는 또 다른 고객을 불러 기업의 협상력을 높이고 우수한 공급사를 선정할 수 있게 돼 고객 만족으로 이어진다. 이 스케치엔 '이익'이란 단어는 없다. 여기에는 성장을 달성하기 위한 비용과 판매가격, 방문자, 판매자의 수와 고객 선택(제품의 다양성), 고객 경험은 포함되어 있지만 어디에도 이익(Profit)은 존재하지 않는다. 고객 가치를 중심으로 성장을 추구한다는 핵심 철학이 경영전략에 반영되고 있는 것이다.

성공의 역사를 만들어 낸 혁신기업의 성장 스토리에는 일관되게 유지되는 기업 고유의 핵심 철학이 존재하고 이를 이해하는 것은 재무지표를 넘어선 성장에 대한 전망을 공유하는 수단이 될 수 있다. 정량적인 분석만큼이나 철학에 대한 정성적인 판단도 중요한 투자 요소이다.

출처: 오피니언 뉴스 (2021.02.23).

---

❶ 조직에서의 핵심가치 경영이 가져오는 사례를 팀원들과 공유하여 작성하시오.

❷ 국내 · 외 기업의 핵심가치를 조사하여 발표하시오.

학습평가

01 **다음은 기초직업능력으로서 체제이해능력에 대한 개념이다. 직업인으로서 체제이해능력이 중요한 이유를 생각해보시오.**

체제이해능력 : 조직의 구조와 목적, 조직문화, 규칙 및 규정 등 자신이 속한 조직의 체제를 이해하는 능력

02 **조직을 이해하기 위해서는 다양한 국면들을 알아야 한다. 조직의 체제를 구성하는 요소들에 대한 설명으로 맞으면 ○, 틀리면 ×표를 하시오.**

① 조직목표는 조직이 달성하려는 장래의 상태이다. (　　)

② 조직의 규칙과 규정은 조직구성원들의 행동범위를 정하고 일관성을 부여하는 역할을 한다. (　　)

03 **조직목표는 조직 전체의 성과, 자원, 시장, 인력개발, 혁신과 변화, 생산성에 관한 목표를 포함한다. 자신이 최고경영자라면 시장 및 인력개발 측면에서의 목표를 어떻게 수립할 수 있을지 예시를 작성하시오.**

시장측면	

인력개발 측면	

04 나는 내가 속한 조직을 얼마나 이해하고 있을까? 내가 속한 조직들 가운데 하나를 선택하고 해당 조직의 홈페이지를 방문하거나 안내책자를 구입하여 조직의 비전, 미션, 목표, 구조, 관련 규정 등을 작성하시오.

조직 : ____________________

비전 / 미션	
목표	
구조	
조직의 규칙이나 규정	

05 사회적 소속감을 가지고 있는 나를 생각하며 현재 개인의 목표를 작성하시오.

학습 내용 요약

1. 조직체제이해능력은 조직의 구조와 목적, 체제 구성요소, 규칙, 규정 등을 이해하는 능력이다.
2. 조직의 체제는 조직목표, 조직구조, 조직문화, 규칙 및 규정으로 이루어진다.
3. 조직목표는 조직이 달성하려는 장래의 상태로, 모든 조직은 목표를 가지고 있다. 조직의 목표는 미래지향적이지만 현재의 조직행동의 방향을 결정해 주는 역할을 한다. 조직목표는 다수일 수 있으며, 이들 간 위계적 상호관계가 있다. 이러한 조직의 목표는 조직 전체의 성과, 자원, 시장, 인력개발, 혁신과 변화, 생산성 측면에서 분류될 수 있다.
4. 조직의 핵심가치와 조직의 규칙은 리더들이 단결을 구축하고 유지해야 하며, 조직의 비전을 명확히 해야 하고, 조직의 비전에 대해 자주 의사소통해야 하며, 인력시스템 구축으로 조직의 비전을 강화해야 한다.
5. 조직목표는 조직 전체의 성과, 자원, 시장, 인력개발, 혁신 변화, 생산성에 관한 목표를 포함한다.

Memo

CHAPTER

07 조직의 구조

Contents

학습목표

1. 조직구조의 개념과 결정요인을 설명할 수 있다.
2. 조직구조의 형태를 이해하고 수립할 수 있다.
3. 환경변화에 따른 새로운 조직을 이해하고 설명할 수 있다.

주요 용어

조직구조 개념	결정요인	조직구조 변화
조직유형	조직변화	환경변화

미리보기

필립스는 1980년대 초 CD를 최초로 개발했던 회사로 기억할 것이다. 필립스의 구조조정 모토는 "High Frequency"이다. 빨리 실행하고 빨리 결과를 얻어야 하는 것으로 정리된다. 필립스의 모토는 회사가 삼성전자, 일본, 대만 등에 반도체 산업이 밀리기 시작하자 필립스 내에서 반도체 부문을 분사시키고 매각하였다. 그 후 LED사업으로 투자하면서 TV 부분도 매각을 실행하였다.

High Frequency의 또 다른 의미인 혁신을 성공하기 위해 조직의 살을 빼기 시작하였다. 인원을 줄이는 살빼기가 아닌, 필립스의 조직 살빼기는 소통 간격을 줄이는 의미로도 해석이 된다. 소통간격을 줄이는 것은 조직구성원들이 더욱 친밀해지고 공유하는 것을 목표로 되도록 조직 내에서의 쉽고 편한 언어 사용과 낮은 직급과도 상위 직급자가 직접 소통하고 업무를 함께 나누는 것을 반복하는 것을 토대로 구조조정을 해냈다.

필립스는 성공하는 기업의 구조조정은 상위부터 하위직급까지 같은 언어와 같은 목소리를 내야 한다고 하였고 조직의 비전과 목표를 공유해야 가능한 것이라고 외쳤다.

제7장에서는 조직구조의 개념을 이해하고 조직의 환경변화에 대처하여 성공하는 기업의 요인들을 학습을 통하여 탐구한다.

01 조직구조의 개념과 구분

1) 조직구조의 개념

조직구조란 조직 목표달성을 위해 필요한 일과 부서, 직위 등을 배열해 놓은 틀 또는 뼈대를 말한다. 여기에는 조직 도표상의 내용뿐만 아니라, 직무들 사이에 존재하는 비교적 안정적인 역할과 책임 관계까지 포함한다. 조직구조를 다른 말로 표현하자면 체계화된 분업과 통합의 틀이라 할 수 있다. 조직은 한 사람의 힘으로 할 수 없는 일을 성취하기 위해 여러 사람이 모여 협동하는 협동 시스템이다. 여러 사람이 일할 때 사람들이 일을 나누어서 하고, 나누어서 일한 결과를 조직 성과를 위해 통합한다. 이렇게 바람직한 분업과 통합의 방식이 반복될 수 있도록 해주는 것이 조직구조이다.

만약 조직이 구조가 없다면, 사람들의 행동이 통합되어 하나의 조직 성과로 연결될 가능성이 적다. 세상에서 아무리 좋은 자동차 부품들을 모아서 왔다고 하더라도, 설계 도면이라는 구조에 의해서 결합되지 않으면 자동차가 움직이지 못한다. 조직에서도 마찬가지이다. 구성원들이 개별적으로 각각 능력 있는 사람들이라 하더라도, 그 사람들을 효율적으로 통합하고 조직화할 수 있는 방안이 없으면 그들은 오합지졸에 불과하고 따라서 조직은 높은 성과를 낼 수 없다. 조직구조는 구성원의 활동을 결합시키는 역할을 한다. 구성원들의 노력과 능력이 같다고 하더라도 더 좋은 구조를 가진 기업은 더 높은 성과를 낼 수 있다.

그렇기 때문에 우리가 관찰할 수 있는 것이 세계적인 기업이라고 하더라도 그 개별 구성원들이 모두 개인적으로 세계적인 경쟁력을 가진 것은 아니라는 것이다. 이는 피자헛이나 맥도널드 햄버거에서 일하는 사람들을 생각해 보면 쉽게 이해할 수 있을 것이다. 다른 말로 표현하면 구성원들 간의 분업과 통합을 효율화할 수 있는 구조나 문화가 갖추어진 조직은 보통 사람들만으로도 세계적인 경쟁력을 확보할 수 있다는 것이다.

2) 조직구조의 구분

조직구조는 의사결정 권한의 집중정도, 명령계통, 최고경영자의 통제, 규칙과 규제의 정도 등에 따라 기계적인 조직과 유기적인 조직으로 구분할 수 있다. 기계적 조직은 구성원들의 업무가 분명하게 정의되고 많은 규칙과 규제들이 있으며, 상하간 의사소통이 공식적인 경로를 통해 이루어지고 엄격한 위계질서가 존재한다. 대표적인 기계적 조직으로는 군대가 있다.

반면에, 유기적 조직은 의사결정권한이 조직의 하부구성원들에게 많이 위임되어 있으며 업무 또한 고정되지 않고 공유 가능한 조직이다. 유기적 조직에서는 비공식적인 상호의사소통이 원활히 이루어지며, 규제나 통제의 정도가 낮아 변화에 따라 쉽게 변할 수 있는 특징을 가진다.

사례 연구 I

잭 웰치가 취임하면서 GE는 대대적인 변신을 겪게 된다. 이러한 변신에서 중요한 부분이 조직구조의 재설계이다. 과거의 관료적이고 기계적인 조직을 수평적이고 활기가 넘치는 조직으로 수정한 것이다. Welch가 취임할 당시 GE는 피라미드와 같은 복잡한 위계질서를 가진 관료조직이었다.
1985년 12월 웰치는 여러 단계의 위계질서의 구조를 개편하고자 하였다. 13개 핵심 사업부와 최고경영자 간 섹터/그룹과 같은 중간 단계를 없앴다. 웰치를 포함한 소수의 최고경영자로 구성된 최고경영자회의(Corporate Executive Office)가 GE의 방향에 대한 전반적인 책임을 지는 방식으로 의사결정단계를 간소화하였다. 이와 동시에 개별 사업부 아래의 9개 정도의 관리자층을 없애고 의사결정 권한을 조직하부로 위임하였다. 또한 최소한의 위계질서 형태만 존재하는 사업부 형태로 GE조직을 변화시켰다.

한편 웰치는 과거 GE를 효과적으로 통제하기 위해 스탭들이 개별사업부를 너무 일일이 간섭하고 통제하고 있기 때문에 도리어 경영성과를 떨어뜨린다고 파악하고, 스탭의 규모와 권한, 책임을 대폭 감소시켰다. 감시와 감독, 조정기능과 같은 전통적인 스탭의 기능을 13개 핵심 사업부에 대한 보조와 지원, 협력으로 전환시킨 것이다.
웰치는 '무경계(Boundary-lessness)'조직을 만들기 위해 노력했다. 공급자나 고객과 GE와의 경계를 없애고, 조직 내 각 부문간의 벽을 없애고, 상하 간의 벽을 없앨 수 있는 조직을 구축하였다. 그래서 GE의 모든 종업원들이 고객의 요구를 충족시키기 위해 노력하도록 만들었다. 조직 내부적으로는 훌륭한 아이디어, 최신의 지식, 유능한 인력이 자유롭게 이동될 수 있는 조직의 역량을 의미하는데, 이를 통해서 사업부나 기능 간의 불필요한 장벽을 해소함으로써 GE의 효율성을 증대시켰다.
이러한 조직구조 혁신을 통해 GE는 회사가 목표로 추구하는 전략을 효과적으로 수행할 수 있었고, 타 기업들이 모방하려는 초우량 기업으로 발전한 것이다.

출처: 윌리엄 로스차일드 저, 최권영 역(2008). GE혁신과 성장의 비밀, 가산출판사.

위의 사례에 대한 다음 질문에 대하여 각자의 생각을 정리하고, 자신의 의견을 팀원들과 공유하시오.

❶ GE의 전략적 조직경영의 성공 요인은 무엇인가?
❷ 관료조직에 관하여 설명하시오.

02 조직구조의 결정요인과 유형

1) 조직구조의 결정요인

조직구조는 조직마다 다양하게 이루어진다. 조직구조는 조직목표의 효과적 달성에 영향을 미친다. 조직구조에 대한 많은 연구들은 조직구조에 영향을 미치는 요인으로 조직의 전략, 규모, 기술, 환경 등이 있으며, 이에 따라 기계적 조직 혹은 유기적 조직으로 설계되며 조직 활동의 결과 조직의 성과와 구성원들의 조직만족이 결정된다. 다만, 조직성과와 만족은 조직구성원들의 개인적 성향과 조직문화의 차이에 따라 달라진다.

조직구조 결정요인으로 조직전략은 조직의 목적을 달성하기 위하여 수립한 계획으로 조직이 자원을 배분하고 경쟁적 우위를 달성하기 위한 주요 방침이다. 따라서 조직의 전략이 바뀌게 되면 구조가 바뀌게 된다. 한편, 소규모조직과 대규모조직은 다른 조직구조를 가지게 된다. 대규모조직은 소규모조직에 비해 업무가 전문화, 분화되어 있고 많은 규칙과 규정이 존재하게 된다. 기술은 조직이 투입요소를 산출물로 전환시키는 지식, 기계, 절차 등을 의미하며, 소량생산기술을 가진 조직은 유기적 조직구조를, 대량생산기술을 가진 조직은 기계적 조직구조를 가진다. 조직은 환경의 변화에 적절하게 대응해야 하므로 환경에 따라 조직의 구조가 달라진다. 안정적이고 확실한 환경에서는 기계적 조직이, 급변하는 환경에서는 유기적 조직이 적합하다.

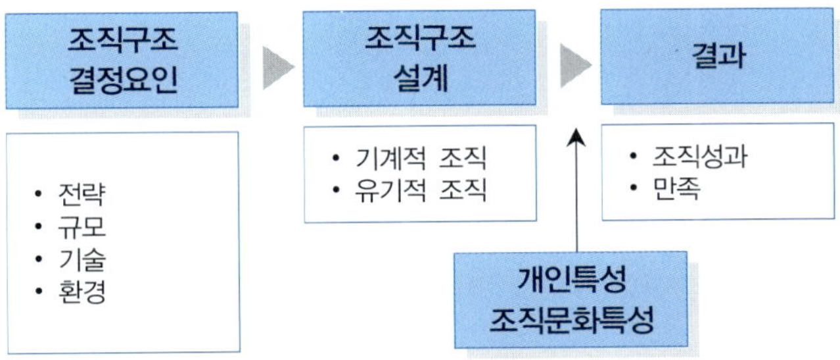

그림 7-1 조직구조 결정요인과 설계

2) 조직구조의 유형

조직구조 형태를 설정할 때 기본적으로 결정할 요소들은 다양하다. 조직구성원들의 업무를 얼마나 세분화할 것인가, 조직 내의 계층 수를 어느 정도로 할 것인가, 의사결정 권한을 어떻게 배분할 것인가, 규칙과 절차의 문서화 정도를 어느 정도로 할 것인가, 구성원들 부문의 활동을 어떻게 통합할 것인가, 부문 기준을 무엇으로 나눌 것인가 등이다. 다른 일들을 하는 엔지니어들의 생산, 일반행정, 연구자, 영업 등의 분업화 활동을 조정하고 통합하는 구조를 고안이 현재 기업발전의 바탕이 되고 있는 것이다. 조직도를 살펴보면 조직 내적인 구조는 볼 수 없지만 구성원들의 임무, 수행하는 과업, 일하는 장소 등과 같은 일하는 방식과 관련된 체계를 알 수 있으므로 한 조직을 이해하는 데 유용하다. 조직도를 통해 조직이 어떻게 구성되어 있는지를 알 수 있고, 조직에서 하는 일은 무엇이며, 조직구성원들이 어떻게 상호작용하는지를 파악할 수 있다. 대부분의 조직은 조직의 CEO가 조직의 최상층에 있고, 조직구성원들이 단계적으로 배열되는 구조를 가지고 있다. 환경이 안정적이거나 일상적인 기술, 조직의 내부 효율성을 중요시하며 기업의 규모가 작을 때에는 업무의 내용이 유사하고 관련성이 있는 것들을 결합해서 다음 그림과 같이 기능적 조직구조 형태를 이루었다.

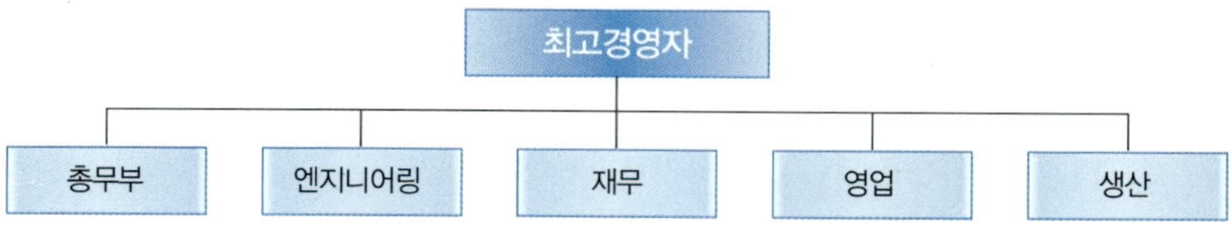

그림 7-2 기능적 조직구조

그러나 급변하는 환경변화에 효과적으로 대응하고 제품, 지역, 고객별 차이에 신속하게 적응하기 위하여 분권화된 의사결정이 가능한 사업별 조직구조를 가지게 되었다. 사업별 조직구조는 개별 제품, 서비스, 제품그룹, 주요 프로젝트나 프로그램 등에 따라 조직화된다. 즉 다음 그림과 같이 제품에 따라 조직이 구성되고 각 사업별 구조 아래 생산, 판매, 회계 등의 역할이 이루어진다.

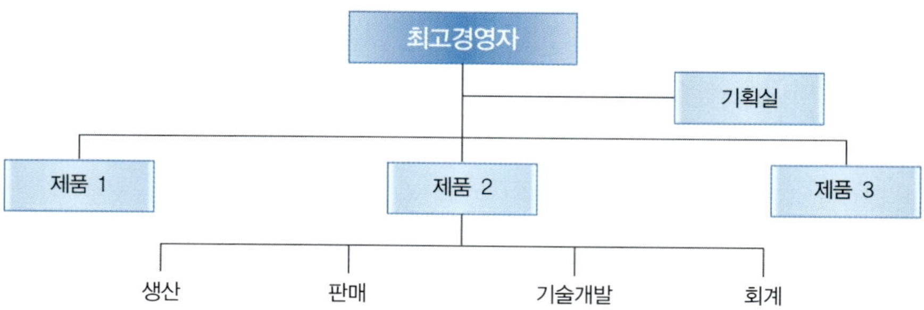

그림 7-3 사업(제품)별 조직구조

사례 연구 2

업계 최초 애자일 도입한 오렌지라이프

'오렌지라이프'는 2018년 4월 애자일(Agile) 조직 체계를 도입했다. 국내 생명보험업계가 애자일 조직을 도입한 것은 오렌지라이프가 처음이다. 오렌지라이프는 조직개편을 통해 모든 업무를 고객 관점에서 수행하는 '고객중심 혁신조직'으로 거듭나겠다는 포부도 도입 당시 천명했다. 4차 산업혁명 시대를 맞이하여 디지털/모바일을 기반으로 한 첨단 기술들이 빠르게 등장함에 따라 고객의 정보력이 높아지고, 니즈는 다양해지고 있다. 기존의 기능적/수직적/공급자 중심적 조직 구성은 부서 이기주의를 유발시키고, 궁극적으로는 고객이 소외되는 문제를 발생시켜 왔다. 이런 현실에서 지속적 성장의 토대를 마련하고 변화하는 환경과 고객의 니즈를 따라잡아 선도적인 경쟁력을 갖추자는 차원에서 오렌지라이프는 새로운 조직의 도입을 결단한 것이다.

기존 조직은 업무에 따른 기능 중심으로 나뉘어 있었다. '애자일 조직'은 이 같은 부서 간 경계를 허물어 같은 단위 조직 내 업무 속성에 따라 마케팅 · 영업 · 운영 등의 성격이 한데 모인 '멀티기능(Cross-function)' 형태로 구성되어 있다. 또한 단위 조직에 자율성과 업무수행 방식에 대한 전 권한을 부여함으로써 변화에 민첩하고 유연하게 대응할 수 있는 것이 특징이다. 오렌지라이프는 애자일 조직을 도입하면서 '일하는 방식'도 근본적으로 바꿨다. 애자일 조직은 'Squad(분대)'로 불리는 소그룹, 여러 개 Squad가 모인 'Tribe'로 이뤄져 있다. Squad는 업무를 처음부터 끝까지 책임지는, 엔드투엔드 (End-to-End) 방식으로 처리한다. 상품과 서비스에 고객의 피드백을 최대한 빠르게 반영하기 위함이다. 동시에 '부서장-중간관리자-직원'으로 이어지는 수직적 위계질서를 없애면서 업무 자율성을 증대시키고 임직원간 자유로운 커뮤니케이션을 위한 밑바탕을 마련했다.

정문국 오렌지라이프 사장은 "보험업계 최초로 애자일 조직을 도입하는 과정에서 일부 우려의 시선도 있었지만, 실행 결과 직원들의 책임감과 몰입도가 크게 높아진 것 같다"며 "워라벨, 주 52시간 근무제 등 달라진 근로 환경에서 애자일 방식은 훌륭한 대안이다. 일하는 방식을 바꾼 애자일 조직을 통해 변화에 민첩하게 대응하고 고객 중심으로 스스로 혁신하는 기업이 될 것"이라고 밝혔다.

출처: 월간 인재경영 2019년 04월호, 170호 (2019.05.03).

❶ 조직의 업무구분은 기업의 경영에 어떤 영향이 있을지 팀원들과 의견을 공유하시오.

❷ 현재 속한 조직의 구조를 떠올리며 개선 방향을 팀원들과 공유하시오.

03 환경변화와 새로운 조직의 출현

조직은 환경 속에 존재하며 환경의 변화에 적응해야 한다. 외부환경의 변화에 대응하기 위하여 혹은 내부적인 조직문제를 해결하기 위하여 조직의 체계와 구조를 변화하는 것을 조직의 변화라고 한다. 조직의 변화는 조직의 성과와 목표에 영향을 주는 것으로 변화되는 환경에 맞추어 업무를 추진할 수 있도록 구성원 모두의 참여로 이루어진다.

1) 조직구조의 변화 요인

조직의 환경 방향을 볼 때 정치적 · 법적 환경(Political)은 정치체제의 구조와 과정, 조직과 관련된 법적 규범체제를 의미한다. 우리나라에서 조직과 관련된 법령으로는 중소기업육성법, 정부조직법, 기업구조조정 촉진법, 사회적기업육성법, 비영리민간단체지원법 등이 있으며, 직업인이 직장생활을 하면서 알아야 할 조직관련 법으로는 근로기준법, 근로자복지기본법 등이 있다. 경제적 환경(Economic)은 조직이 속해 있는 경제체제의 상태를 말하며, 이윤을 추구하는 기업들은 경제적 환경에 매우 많은 영향을 받는다. 사회 · 문화적 환경(Social)은 조직구성원들의 가치 신념을 결정하게 되어 조직의 설계와 형태, 그리고 조직문화에 영향을 미치게 된다. 기술적 환경(Technology)은 새로운 기술이 개발되면 중요한 환경변수로 떠오르게 된다.

조직에서 외부적인 거시적환경을 조사할 때 사용하는 전략적인 모델인 PEST가 있다.

- 정치적 · 법적 환경(Political)의 환경이나 법, 정부, 정책, 조직 등

- 경제적 환경(Economic)의 경제, 금리, 실업, 환율, 인플레이션 등
- 사회 · 문화적 환경(Social)의 인구, 노동, 생활양식, 교육, 건강 등
- 기술적 환경(Technology)의 연구, 과학, 에너지, 정보, 발명 등

S카드는 디지털과 빅데이터 사업본부 산하에 AI(인공지능), 디지털 R&D(연구개발), 페이테크(Tech), 마켓센싱 등 10개의 셀(Cell)조직을 구성함으로써 급변하는 디지털 환경에 신속 대응하였다.

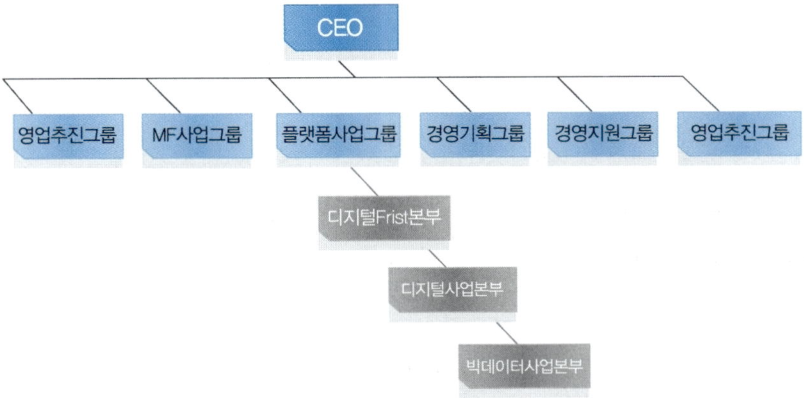

그림 7-4 2018년 S카드 조직도

2) 환경변화에 따른 조직구조의 유형

(1) 매트릭스 조직

기업의 규모가 커지고 기업이 두 개 이상의 차원에 대해 동시에 강조할 필요성이 생기면서 등장한 것이 매트릭스 조직(matrix organization)이다. 기능을 우선시하고 제품이나 서비스를 부차적인 것으로 생각하여 만들어진 것이 기능식 부문화이고, 제품 등 목적을 우선시하고 기능을 부차적인 것으로 한 것이 사업부제이다. 그런데 기능과 목적을 동시에 강조할 필요성이 있거나, 두 개의 목적—예를 들어 지역과 제품—을 동시에 강조해야 할 필요가 있는 경우가 생긴다. 기업의 규모가

커지고, 기업 간 경쟁이 치열해지고, 기업 내 부서 간 조정과 통합의 필요성이 높아질 때는 어느 한 차원만 강조해서는 경쟁 우위를 점하기 어려울 수 있다. 이때 사용 되는 것이 매트릭스 조직이다.

매트릭스 구조에서는 두 개의 축을 동시에 강조한다. 현재 가장 많이 사용되는 매트릭스 구조는 기능과 제품이라는 두 축을 기준으로 하는 구조와 제품과 지역이라는 두 축을 기준으로 하는 구조이다. 기능과 제품을 축으로 하는 매트릭스 조직은 두 가지 형태의 수평적 분화에 기초한다. 한 축에는 경영 기능별로 조직 활동을 그룹화하고, 다른 축에는 제품 또는 프로젝트별로 분화된 것을 덧붙인다. 매트릭스 구조는 기능적 부문화에서 오는 전문화의 이점과 목적별 부문화에서 오는 효율적 자원 동원과 책임 소재의 명확성이라는 이점을 모두 취하고자 하는 의도하에 설계된 것이다. 그러나 이 둘이 모두 달성되지 않을 위험도 있다. 매트릭스 구조 안에서 일부 관리자들은 두 명의 상사에게 보고하고 지시받는다. 한 명은 기능 부서의 상사이며, 한 명은 제품별 부문의 상사이다.

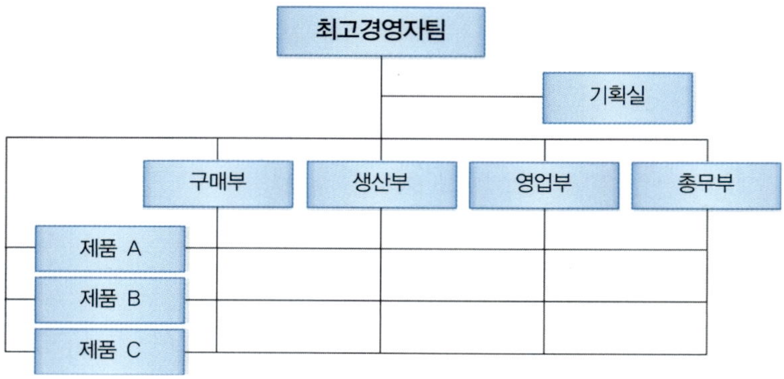

그림 7-5 매트릭스 조직

매트릭스 구조는 첨단 기술을 다루는 기업에서 처음 개발되었고, 환경이 불확실하고 경쟁적이며 신속한 신제품 개발이 중요한 상황에서 적합하다. 즉 시장 환경이 새로운 제품을 선호하고 고도의 기술적 우수성이 요구될 때, 조직에 영향을 미치는 환경이 매우 복잡하고 불확실할 때, 그리고 조직의 내부 자원 이용에 있어서 규모의 경제가 필요할 때이다.

(2) 프로젝트 조직

조직 내에서 특정 사업을 목표로 구성되는 일시적인 조직을 말한다. 유한적 시간을 의미하는 프로젝트 조직(project organization)은 임시적인 조직으로 혁신적이거나 조직의 신규 사업 출범 시 직무의 책임과 권한 중심의 한시적으로 이루어지는 조직형태를 의미한다. 조직구조가 간단하여 의사소통이 원활하고 과업에 대한 동기부여가 쉽게 이루어진다.

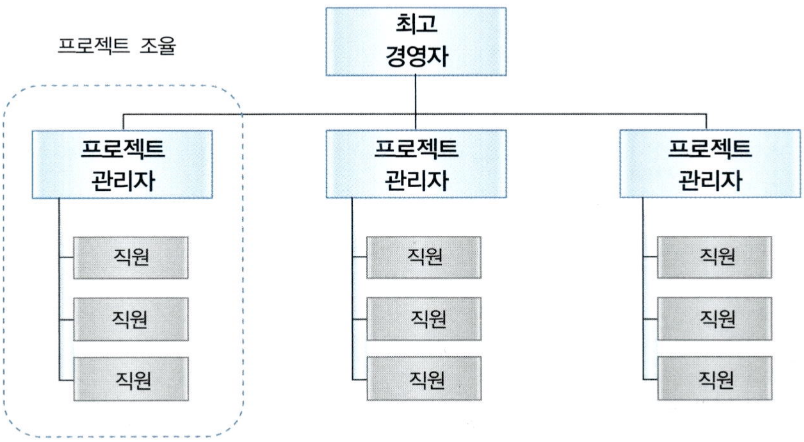

(회색 상자는 프로젝트 활동에 참여하는 직원 표시)

그림 7-6 프로젝트 조직

출처: http://groovysunday.tistory.com/76 [성냥의 불친절한 IT 이야기]

(3) 팀 조직

팀 조직 (team organization)은 기존의 부(部) 혹은 과(課)를 대신하여 팀이라는 조직체계 구성을 통하여 팀장에게 업무 성과에 대한 책임과 인사에 대한 권한을 부여한다. 팀의 구성원과 리더의 원활한 소통과 업무교류로 조직의 성과에 좋은 결과를 갖게 된다.

〈과거 삼성 미래전략실 조직도〉

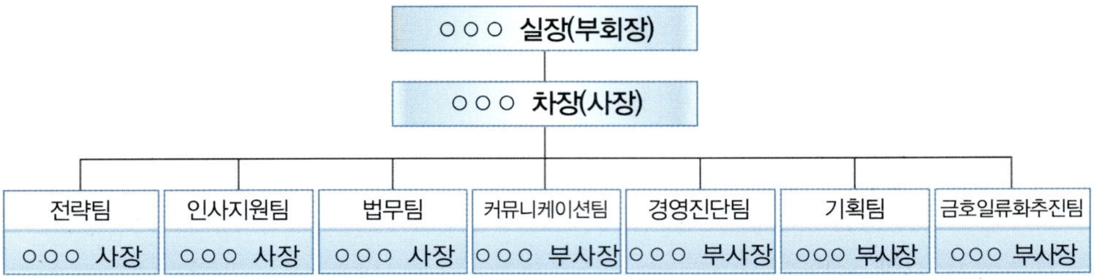

2016년 말 기준

그림 7-7 팀 조직

출처: 더벨뉴스(2017.04.07.).

사례 연구 3

미래의 조직은 어떤 모습일까?

기업 내 · 외부의 환경변화는 기업조직을 변화시키고 있으며, 새로운 조직의 가장 근본적인 특징은 기존 조직에 비해 '사람'이 보다 중시된다는 것이다.

외부적 환경변화의 핵심은 시장주도권의 이전이다. 현대 조직은 과거 200여 년간 수요가 공급을 초과하는 편안한 환경 속에 있었으나 이제는 소비자가 시장을 주도하는 'buyers' market'에서 활동해야만 한다. 까다롭고 용서해 주지 않는 고객을 바쁘게 따라가야 하는 기업은 더 이상 직업 안전이나 평생고용을 보장할 수가 없게 되었다. 따라서 21세기 조직은 책임, 자율성, 위험, 불확실 등으로 특징지어진다. 이는 전통적 기업에서의 인위적인 경직성과 규칙이 사라지는 것을 의미하는 것이다.

한편 내부적으로는 세대이동(generation shift)에 따른 기업 문화의 급속한 변화가 나타나고 있다. 현대 조직은 조용한 세대(silent generation), 베이비 붐 세대(baby boom generation), 베이비 버스터 세대(baby buster generation) 등 3세대로 구성되어 있는데, 베이비 붐 세대가 최고경영층에 진입하고 베이비 버스터 세대가 일선 감독자 층에 진입하면서 당분간 이 두 세대가 향후 기업 문화를 주도해갈 것이다. 이에 따라 비공식적이고, 팀 중심적이며, 설득을 바탕으로 한 경영방식이 확산될 것이다.

이처럼 조직이 새롭게 바뀌어간다면 조직이 갖추어야 할 역량도 달라져야 할 것이다. 소유권, 안정성, 통제 등 과거의 원칙이 아니라, 상호의존성, 융통성, 동반자관계 등과 같은 새로운 원칙에 기초한 역량이 필요하게 된다.

출처: 한국산업인력공단 NCS 학습모듈

위의 사례를 읽고 다음 질문에 대한 자신의 생각을 정리한 후 다음 질문에 의견을 제시하시오.

❶ 미래조직을 설계할 때 고려해야 할 방향은 무엇인가?

❷ 새로운 조직형태에 적합한 조직구성원의 역량은 무엇인가?

❸ 한 조직에 공존하는 세대 간의 차이를 어떻게 극복할 수 있는가?

학습평가

01 다음은 기초직업능력으로서 체제이해능력에 대한 개념이다. 직업인으로서 체제이해능력이 중요한 이유를 생각해보시오.

> 체제이해능력 : 조직의 구조와 목적, 조직문화, 규칙 및 규정 등 자신이 속한 조직의 체제를 이해하는 능력

02 조직의 체제를 구성하는 요소에 대한 설명으로 맞으면 ○, 틀리면 ×표를 하시오.

① 조직도는 조직 내적인 구조뿐만 아니라 구성원들의 임무, 수행과업, 일하는 장소들을 알아보는 데 유용하다. ( )

② 조직의 규칙과 규정은 조직구성원들의 행동범위를 정하고 일관성을 부여하는 역할을 한다. ( )

03 다음 조직구조의 유형과 이와 관련된 특징을 서로 연결하여 보자.

① 기계적 조직 •

② 유기적 조직 •

• A. 구성원들의 업무가 분명하게 규정
• B. 비공식적인 상호의사소통
• C. 엄격한 상하 간 위계질서
• D. 급변하는 환경에 적합한 조직
• E. 다수의 규칙과 규정 존재

04 조직구조에 영향을 미치는 요인 4가지를 작성하고 생각해보시오.

학습 내용 요약

1. 직업인들은 자신에게 주어진 업무를 혼자서 수행할 수 없으며 조직구성원들과 상호작용해야 한다. 조직구조는 조직 내의 부문 사이에 형성된 관계로, 조직목표를 달성하기 위한 조직구성원들의 유형화된 상호작용과 이에 영향을 미치는 매개체이다.
2. 조직구조에는 조직의 전략, 규모, 기술, 환경 등이 영향을 미친다. 이에 따라 기계적 조직과 유기적 조직으로 조직구조가 구분되고, 조직 활동의 결과 조직성과와 만족을 가져온다.
3. 조직은 환경의 변화에 적절하게 대응하기 위하여 환경에 따라 조직의 구조가 달라지며 오늘날과 같은 급변하는 환경에서는 유기적 조직이 적합하다.

CHAPTER

08 조직문화와 변화관리

Contents

학습목표

1. 조직문화의 개념과 구성요소를 설명할 수 있다.
2. 조직변화의 과정과 유형을 설명할 수 있다.
3. 조직변화의 장애요인과 극복방안을 설명할 수 있다.

주요 용어

조직문화	구성요소	조직유형
변화요인	장애요인	극복방안

미리보기

기업 간의 경쟁이 심화되면서 장기적인 성장을 추구하기 위해서는 기업의 비전 설정 및 이를 달성하기 위한 구성원의 의식 및 체질 변화가 선행되어야 한다. 조직문화를 재구축하여 구성원의 의식 및 행동을 실질적으로 변화시키므로 조직 비전의 실행력을 확보한 사례를 소개하겠다.

B사는 창사 80주년을 맞이하여 공표된 新 비전체제에 맞는 조직문화 구축이 필요하다고 생각하여 프로젝트를 발주하였다. 새로운 비전 달성을 위해서는 80년 동안 이어온 전통도 중요하지만, 적극적이고, 창의적이며, 도전적이고, 혁신적인 문화가 요구되었다. 먼저 조직문화 변천사 및 현 문화에 대한 분석이 이루어졌다. 이 과정에서 중요한 포인트는 B사가 향후에도 간직하고자 하는 전통적 문화요소를 판단하는 작업이다. 전통적인 문화 중에서 조직을 성공으로 이끈 동력이라고 생각되는 요소를 먼저 파악하였다. 이 성공요소에서 더 이상 영향력을 발휘하지 않는 요인을 제거하고, 영향력이 있으나 새로운 가치와 상충되는 요소를 심도 있게 논의한 후 지속할 것인지, 버릴 것인지를 결정하였다.

이러한 과정을 통해, 전통문화 요인 중에서 계속 간직하여야 요소와 제거할 요소를 구분하였다. 다음으로는 비전 달성을 위해 우리에게 새로이 요구되는 요소를 찾아내는 것이었다. B사 프로젝트에서 가장 어려운 부분은 B사 임직원이 오랫동안 유지했으나, 더 이상 필요가 없다고 판단하는 문화를 없애는 것이었다. 일례로는 지나치게 길게 지속되는 회의문화였다. 이를 없애기 위해, 회의실에서 의자를 없애고 스탠드 테이블로 교체하였으며, 회의 시간을 30분 이상 지속하지 못하도록 알람 시계를 비치하였다. 더불어 회의내용 및 주요 자료를 사전에 참석자에게 보내, 이를 숙지하고 회의에 들어 오도록 권장하였다. 마지막으로, 회의를 마친 후 바로 회의록을 작성하고, 미진한 부분에 대하여 누가, 언제까지 마무리한다는 것을 꼭 명기하도록 하였다. 이를 통하여 모두가 책임지지 않으려는 문화, 결정을 내리지 않고 얼버무리는 문화가 서서히 사라지게 되었다.

출처: 김기령(2013). 기업사례를 통해 본 조직문화의 경쟁력 구축 방안, 삼성경제연구소

제8장에서는 조직문화의 개념이해와 조직변화과정을 파악하고 조직의 변화를 주도하는 요인과 장애요인의 극복방안을 학습하며 기업의 성공요인을 알아본다.

01 조직문화의 개념과 구성요소

조직문화는 조직구성원들의 공유된 생활양식이나 가치이다. 즉, 조직문화는 한 조직체의 구성원들이 모두 공유하고 있는 가치관과 신념, 이데올로기와 관습, 규범과 전통 및 지식과 기술 등을 모두 포함한 종합적인 개념으로 조직 전체와 구성원들의 행동에 영향을 미친다. 조직의 구성원들은 조직문화 속에서 활동하고 있지만 이를 의식하지 못하는 경우가 많다. 조직문화에 자연스럽게 융화되어 생활하는 경우도 있지만, 새로운 직장으로 옮겼을 때와 같이 조직문화의 특징을 알지 못하여 조직적응에 문제를 일으키는 경우도 있다. 따라서 직업인들은 조직문화의 특징은 어떤 것이 있으며, 자신이 속한 조직은 어떤 특징을 가지는지를 이해할 필요가 있다.

1) 조직문화의 기능

조직문화는 조직의 방향을 결정하고 존속하게 하는 데 중요한 요인이다. 첫째, 조직문화는 구성원들에게 일체감과 정체성을 부여한다. 특히, 외부환경이 변하게 되면 조직구성원의 결속력을 강화시켜주는 역할을 한다. 둘째, 조직문화는 조직몰입을 높여준다. 조직구성원들은 조직에 소속감을 느끼고 조직의 목표를 달성하기 위하여 자신의 노력과 능력을 기울인다. 셋째, 조직문화는 구성원들의 행동지침으로 작용한다. 조직문화는 구성원의 사고방식과 행동양식을 규정하여, 구성원들은 조직에서 해오던 방식대로 업무를 처리하게 된다. 이는 조직문화가 구성원을 조직에 적응하도록 사회화하고 일탈적 행동을 통제하는 기능을 한다. 넷째, 조직문화는 조직의 안정성을 가져온다. 따라서 많은 조직들은 그 조직만의 독특한 조직문화를 만들기 위해 노력하기도 한다. 그러나 강한 조직문화는 다양한 조직구성원들의 의견을 받아들일 수 없거나, 조직이 변화해야 할 시기에 장애요인으로 작용하기도 한다.

■ 조직문화의 기능

- 조직구성원들에게 일체감, 정체성 부여
- 조직몰입 향상
- 조직구성원들의 행동지침 : 사회화 및 일탈행동 통제
- 조직의 안정성 유지

2) 조직문화의 구성요소

조직문화가 어떻게 구성되는지를 이해하면 조직문화를 구체적으로 이해하는 데 도움이 된다. 미국 선진 기업의 성공 사례를 연구한 피터스(Peters)와 워터만(Waterman)의 저서 「In Search of Excellence」에서는 7S 모형을 통해 조직문화의 구성요소와 이들의 상호작용을 개념화하였다.

이는 세계적 기업인 맥킨지(McKinsey)에 의해서 개발된 것으로 조직문화를 구성하고 있는 '7S'는 공유가치(Shared Value), 리더십 스타일(Style), 구성원(Staff), 제도 · 절차(System), 구조(Structure), 전략(Strategy), 기술(Skill)을 말한다. '공유가치'는 조직구성원들의 행동이나 사고를 특정 방향으로 이끌어 가는 원칙이나 기준이다. '리더십 스타일'은 구성원들을 이끌어 나가는 전반적인 조직관리 스타일이다. 조직의 '구성원'은 조직의 인력 구성과 구성원들의 능력과 전문성, 가치관과 신념, 욕구와 동기, 지각과 태도 그리고 그들의 행동 패턴 등을 의미하며, '제도와 절차'는 조직 운영의 의사결정과 일상 운영의 틀이 되는 각종 시스템을 의미한다. '구조'는 조직의 전략을 수행하는 데 필요한 틀로서 구성원의 역할과 그들 간의 상호관계를 지배하는 공식요소를, '전략'은 조직의 장기적인 목적과 계획 그리고 이를 달성하기 위한 장기적인 행동지침을, '기술'은 하드웨어는 물론 이를 사용하는 소프트웨어 기술을 포함하는 요소를 의미한다. 이처럼 조직문화는 조직의 체제를 구성하는 구성원, 시스템, 구조, 전략 등과 밀접한 관계를 가지며 조직의 주된 특성이 된다.

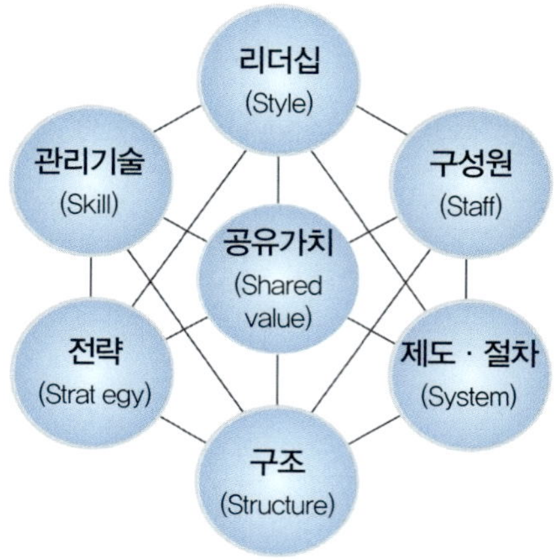

그림 8-1 7s 모델

사례 연구 1

○○기업은 2000년에 글로벌 차원에서 문화가 일관성을 가지도록 조직문화를 정립하였다. 기 정립한 문화가 전 세계 구성원들에게 지속적으로 강화되고, 실천될 수 있도록 하는 것을 목적으로 2번째 프로젝트를 발주하였다. 여기에 덧붙여 추가적인 목적은 기존 인사제도가 지향하는 조직문화 및 가치를 훼손하는지를 판단하여 부적절한 부분을 보완하는 것까지 포함되었다. 처음에는 지향하는 핵심가치와 행동양식에 대한 매뉴얼을 될 수 있는 대로 많은 언어로 번역하여 전파하는 것이 가장 중요한 과제라고 생각하였다. 그러나 아무리 훌륭하게 번역이 되어도 핵심가치와 행동양식은 많은 구성원들에게는 생소한 이야기였고, 실제 적용 및 성공사례가 수반되지 않으면 관심이 없는 교과서와 별반 차이가 없었다. 그렇기 때문에 실제 가장 중요한 과제는 글로벌 전체 임직원을 동등하게 참여시킴으로써 조직문화와 인사제도에 대한 주인의식을 심어 넣는 것이었다.

이를 위해, 현상 진단 작업과 내부 워크숍부터 가능한 한 많은 인력을 참여시켰다. 조직 내에서 영향력이 높은 일부 직원들은 변화 챔피언 역할을 부여하여, 조직문화와 새로운 인사제도가 실천되고 성공해가는 사례를 직접 발굴하고 공유하는 작업에 깊게 관여시켰다. 그리고 그들에게 각 국가의 '핵심가치에 대한 이해도 증진 교육'에 대한 강사 및 챔피언 역할을 지속하게 하였다. 현재 ○○기업은 핵심가치와 행동양식을 활용하여 채용 시 구조화된 인터뷰 문항을 개발하고 지속적으로 활용하고 있다.

위의 사례에 대하여 구성원들과 토론을 통하여 공유하시오.

❶ 조직에서 구성원의 동기부여를 통한 참여방법은 어떤 것이 있는지 팀원들과 의견을 공유하시오.

❷ 조직의 발전을 위해 자기개발 역량이 무엇이 필요한지 작성하시오.

02 조직변화의 과정과 유형

1) 조직변화의 과정

조직의 변화는 환경의 변화를 인지하는 데에서 시작된다. 환경변화 중에 해당 조직에 영향을 미치는 변화를 인식하는 것으로 이는 조직구성원들이 현실에 안주하려는 경향이 있으면 인식하기 어렵다. 환경의 변화가 인지되면 이에 적응하기 위한 조직변화 방향을 수립한다. 이때는 조직의 세부목표나 경영방식을 수정하거나, 규칙이나 규정 등을 새로 제정하기도 한다. 특히, 체계적으로 구체적인 추진전략을 수립하고, 추진전략별 우선순위를 마련해야 한다. 이에 따라 조직변화를 실행하며, 마지막으로 조직개혁의 진행사항과 성과를 평가한다.

변화관리 경영이란 '기업이 다양한 환경변화에 적극적으로 대처하는 체계적 활동'이라고 정의할 수 있다. 즉, 급격하거나 완만한 변화속도에 대처할 수 있는 혁신전략인 동시에 순간 돌발상황에도 민첩하게 대응할 수 있는 기업의 전반적 활동이 바로 변화관리 경영이다. 변화관리 경영은 기획단계부터 목표달성에 이르기까지의 각 분야－조직구조, 제도(시스템), 제품개발, 고객만족 등－에 걸쳐 전방위적으로 적용된다. 변화의 흐름에 뒤처지거나 정체된 조직의 체질을 개선하고, 기존의 제도를 수정 · 보완하여 이를 생산성 향상으로 연결시키는 것이다. 이를 통해 기업의 이미지와 수익을 보장해주는 '고객만족'까지 실현할 수 있게 된다. 변화국면을 정면돌파하기 위해서는 무엇보다 조직구성원이 어떻게 결집되고 능력을 발휘하느냐에 달려 있다고 해도 과언이 아니다. 최고경영자부터 간부, 팀장급, 그리고 평사원까지, 하나의 꼭지점을 향해 강한 구심력을 발휘해야만 한다.

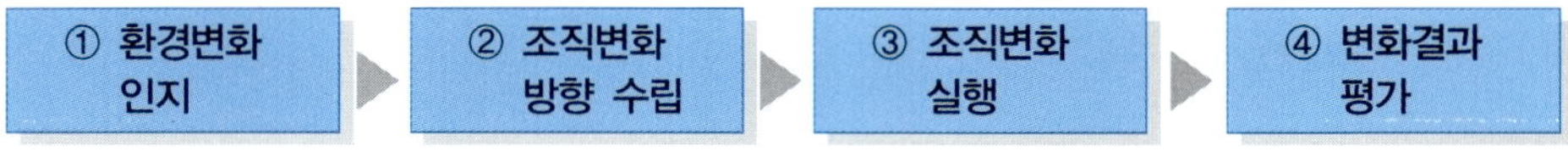

그림 8-2 조직변화 실행과정

① 환경변화 인지

외부환경의 변화로 인한 조직변화로 조직의 생존 차원의 효율적인 경영제고와 조직 내 인적자원의 성장, 동기 등을 통하여 환경변화를 인지하는 단계이다.

② 조직변화 방향 수립

조직구조 변경, 사업구조 변경, 경영정책 등의 변화와 같은 구조적인 것과 업무절차, 혁신적 과정변경, 교육과 연수, 부서 간의 조직 이동, 의사소통 증진 등 과정적인 것인지의 조직의 변화방향을 수립하는 단계이다.

③ 조직변화 실행

조직을 한 번에 변화시키거나 특정 개인 혹은 집단과 같이 하위적 체계를 우선으로 변화할 것인지를 결정하여 실행하는 단계이다.

④ 변화결과 평가

조직의 변화를 통하여 구성원과 고객의 반응 그리고, 제품과 서비스 변화 또한 관리제도의 변화를 적극 검토하여 수정 반영하기 위한 단계이다.

그러나 조직에는 변화에 적극적인 사람이 있는가 하면, 수동적인 방관자, 변화 자체를 훼방하거나 거부하는 부류 등이 다양하게 포진돼 있기 때문에 리더는 조직의 목표에 역행하려고 하는 조직원들을 하나의 테두리 안으로 끌어 모아야 하는 과제를 안고 있다. 또한 한 조직이 변화에 성공적으로 대처하는가의 열쇠는 결국 개개인이 쥐고 있으므로 조직 내 조직원들의 동기부여를 활발히 유도할 수 있는 다양한 제도들이 마련돼야 한다.

2) 조직변화의 유형

조직변화는 제품과 서비스, 전략, 구조, 기술, 문화 등에서 이루어질 수 있다. 제품이나 서비스는 기존 제품이나 서비스의 문제점을 인식하고 고객의 요구에 부응하기 위한 것으로, 고객을 늘리거나 새로운 시장을 확대하기 위해서 변화된다. 전략이나 구조의 변화는 조직의 경영과 관계되며, 조직구조, 경영방식, 각종 시스템 등을 조직의 목적을 달성하고 효율성을 높이기 위해서 개선하는 것이다. 기술변화는 새로운 기술이 도입이 되는 것으로 신기술이 발명되었을 때나 생산성을 높이기 위해 이루어진다. 문화의 변화는 구성원들의 사고방식이나 가치체계를 변화시키는 것으로 조직의 목적과 일치시키기 위해 문화를 유도하기도 한다.

3) 조직변화의 성공요인

조직은 위험를 염려하면서도 끈임없는 변화를 추구한다. 그 이유는 변화하지 않는 것이 더 위험하다는 것을 알고 있기 때문이다. 따라서 성공적인 변화를 위해 올바른 전략을 계획하고 수행하는 것이 중요하다.

첫 번째로 새로운 아이디어로 변화의 출발점을 경쟁기업과 고객이 깜짝 놀랄만한 것을 창출해야 한다. 변화된 아이디어는 수직구조의 조직과 권위적 조직에서는 발생하기 어렵다. 글로벌경쟁에서 조직이 패배하는 중요한 이유가 아이디어의 선점에서 뒤지는 경우가 많기 때문이다.

두 번째로 변화의 필요성을 구성원 모두가 인식하는 것이다. 변화의 필요성 인식으로 조직구성원의 동의의 감정과 행동을 이끌어 내어 관리자가 구성원들이 변화의 필요성을 절감하도록 설득하는 역할이 중요하다. 설득만으로 통하지 않을 때는 신속하게 변화의 필요성이 조직 전반에 스며들도록 관리자의 행동이 필요하다.

마지막으로 즉시적인 실행력이다. 새로운 아이디어를 실행에 옮기는 것은 또 다른 어려움의 과업이다. 조직변화의 실행은 성공적 실행을 위해서 기반 조성이 선행되어야 한다. 기반이 갖춰지지 않은 상태에서 밀어붙이는 실행은 실패가 우선이 되며, 경영자의 강한 의지와 조직변화 분위기의 조성 그리고 조직제도의 개선, 계층의 소통원활, 커뮤니케이션의 수평, 인센티브 강화로 인한 동기부여와 같은 기반들은 조직변화의 실행이 자동으로 일어나게 만든다.

사례 연구 2

모든 직원들이 열의를 갖고 행복감에 젖어 본인이 원하는 일을 하는 직장은 모든 직장인이 꿈꾸는 일터의 모습일 것이다. 많은 기업들은 활기찬 조직문화를 가진 직장을 만드는 것과 직원들을 업무에 몰입하게 하는 것이 회사를 성공으로 이끄는 견인차임을 자각하기 시작하였다. 특히 회사가 위기에 봉착하였을 때 정신적 구심력과 신뢰감의 형성에는 문화가 중요한 역할을 한다.

코닝社의 CEO 재미 휴우톤은 “문화를 관리하지 못하면 장기적이며 탁월한 성과를 얻을 수 없다. 성과는 문화의 결과물일 뿐이지 문화에 우선하지 않는다.”라고 문화의 중요성을 강조하였다. 기업문화에 대한 사례 중 가장 많이 인용되는 기업이 3M, 사우스웨스트 항공과 피자헛일 것이다. 3M의 연구실에서는 매년 수백 종의 신제품들이 쏟아져 나온다.

이러한 결과는 사업부별 연매출의 30%는 4년 전에는 존재하지 않았던 신제품에서 나와야 한다는 3M의 목표 중의 하나에서 기인한 것으로 보인다. 3M의 연구중시 문화는 ‘아이디어를 죽이지 말고 잠시 비껴서 생각해보라’와 ‘신제품에 대한 아이디어를 죽이지 말라’는 두 가지 격언에 잘 나타나 있다. 또한 일주일에 하루 정도는 자기가 가진 아이디어에 대해 연구할 수 있다는 규정(15% Rule)을 두어 실질적인 연구의 활성화를 지원하고 있다.

사우스웨스트 항공사는 관료적이고 경직된 조직보다 재미있게 일하는 조직의 생산성이 훨씬 더 높다는 신념을 근거로 조직문화를 만들어 가고 있다. 예를 들면, 기장을 비롯한 모든 승무원들이 고객에게 즐거움과 재미를 제공한다. 기내방송의 다음 멘트는 너무도 유명한 일화이다. “본 비행기는 XX까지 가는 비행편이며 기내에선 금연입니다. 흡연하실 분은 문을 열고 밖으로 나가셔서 날개 위에 앉아 마음껏 흡연해주시기 바랍니다. ……” 특히 신입사원 채용 시에도 지원자가 유머를 가지고 있느냐를 가장 중요한 선발요건으로 삼고 있다. 물론 안정적인 이착률, 낮은 수하물 분실률, 고객만족도 부분 등에서 세계 최고를 차지하고 있다.

피자헛은 ‘칭찬릴레이’와 다양한 시상을 통하여 직장을 재미있게 꾸며가고 있다. ‘횃불상’은 열정을 가지고 적극적으로 일하는 사람에게 주어지는 상이고, '돋보기상'은 아무리 작은 고객의 의견이라도 잘 살펴서 소중하게 생각하고 사소한 사항들을 꼼꼼하게 챙기는 사람에게 주어진다. 또 고객들이 원하는 바를 들어주기 위해 노력한 사람에게는 '알라딘 램프상'을, 고객과 동료에게 웃음을 만들어주는 사람에게는 '101% 스마일상'이 주어진다.

출처: 김기령(2013). 기업사례를 통해 본 조직문화의 경쟁력 구축 방안, 삼성경제연구소

위의 사례에 대한 다음 질문에 대하여 각자의 생각을 정리하고, 자신의 의견을 팀원들과 공유하시오.

❶ 위 사례의 회사들이 성공하는 조직으로 발전할 수 있었던 이유는 무엇인지 팀원들과 생각해보고 의견을 작성하시오.

❷ 조직을 둘러싼 환경변화를 분석하고 이에 따른 구체적인 조직변화 계획을 수립하면 조직의 지속적 발전이 가능하다. 조직변화 계획은 제품과 서비스, 전략과 구조, 기술, 문화 등에서 이루어질 수 있다. 내가 속한 조직과 관련된 환경변화와 이를 토대로한 조직변화 계획을 수립하시오.

현재날짜	(　　　)년 (　　)월 (　　)일

환경변화내용	조직변화 방향			
	제품과 서비스 측면	전략과 구조 측면	기술 측면	문화 측면
①				
②				
③				

03 조직변화의 장애요인과 극복방안

1) 조직변화의 장애요인

조직과 환경은 영향을 주고받는다. 조직도 환경에 영향을 미치기는 하지만, 환경은 조직의 생성, 지속 및 발전에 지대한 영향력을 가지고 있다. 조직에서 일하는 직업인들은 환경의 변화를 인지하고 이것의 수용 가능성을 평가한 후, 새로운 아이디어를 내거나, 새로운 기술을 채택하거나, 또는 관리자층의 변화방향에 대해 공감하고 적극 실행해야 한다.

(1) 지나치게 신중한 문화

새로운 아이디어와 변화보다는 실패하지 않는 안정감을 중요시하는 문화

(2) 기존 업무에서만의 변화

기존의 일상적인 업무 내 변화추진으로 새로운 아이디어의 시도를 두려워하는 문화

(3) 경직된 구조와 추진과제 일정

수직적인 경직구조의 의사소통 오류와 추진과제의 관습적인 방법으로 오류가 있어도 수정하지 않고 추진하여 다른 과제에도 영향을 미치는 문화

(4) 변화에 두려움과 소극적인 모습의 경영

변화에 소극적이고 그 성과에 두려움이 많은 임원과 경영진으로 인한 오류

(5) 조직구성원 전체의 참여 유도실패

조직변화의 전략적인 실행이 경영진이나 관리자들이 조직구성원 전체의 참여를 일으키지 못한 오류

2) 조직변화의 장애요인 극복방안

(1) 모든 경영진과 관리자를 조직변화과제에 참여시키고, 제시한 의견에 대한 책임과 권한을 부여한다.

(2) 조직변화 과제를 위한 마스터플랜을 만들고 명확한 기준과 로드맵을 설정한다.

(3) 조직변화를 위한 추진과제를 단계별로 분류하여 하위단계부터 실행하여 실행과 평가를 통한 수정을 이어간다.

(4) 조직변화의 내용을 이해하지 못하거나 변호를 거부하는 소극적인 자세의 관리자와 경영진은 과감하게 대응하여 조직의 발전 저해를 막는다.

(5) 가시적인 목표를 우선 제시하여 모든 조직이 집중하도록 하며 큰 성과와 빠른 성과보다는 목표에 맞는 성과를 위해 동기부여한다.

학습평가

01 조직문화의 개념과 기능에 대한 설명 중 빈칸에 해당하는 것은?

> 조직문화는 조직구성원들의 (A) 혹은 가치이다. 즉, 조직문화는 조직구원성원들에게 일체감과 정체성을 부여하고, (B)을/를 높여 조직에 소속감을 느끼고 조직의 목표를 달성하기 위하여 자신의 노력과 능력을 기울이도록 한다.

(A) = ____________________

(B) = ____________________

02 조직문화 7S 모형의 구성요소 중 다음 빈칸에 해당하는 것은?

(A) = ____________________

(B) = ____________________

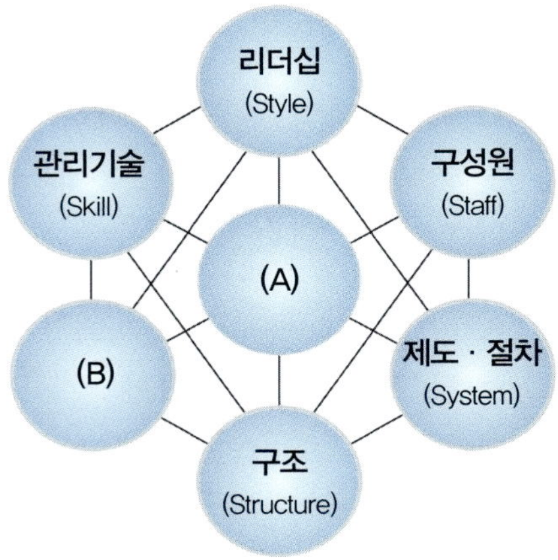

03 내가 속한 조직문화의 주요 특징을 작성하시오.

-
-
-

04 다음 집단의 유형과 이와 관련된 특징을 서로 연결하시오.

① 공식적 집단 •

② 비공식적 집단 •

• A. 조직에서 의식적으로 만듦
• B. (예) 임시위원회, 작업팀
• C. (예) 스터디모임, 각종 친목회
• D. 집단의 목표, 임무가 명확하게 규정

05 다음 중에 팀에 대한 설명으로 틀린 것은?

① 팀은 구성원 간 서로 기술을 공유한다.
② 팀은 개인적 책임뿐만 아니라 공동의 책임을 강조한다.
③ 팀은 의사결정을 지연시키는 문제가 있다.
④ 팀이 성공적으로 운영되기 위해서는 관리자층의 지지가 요구된다.

06 조직변화의 과정을 다음 빈칸에 작성하시오.

(A) ▶ (B) ▶ 조직변화실행 ▶ 변화결과 평가

(A) = ______________________

(B) = ______________________

07 조직변화의 유형에 대한 다음 설명이 맞으면 ○, 틀리면 ×를 표시하여 보시오.

① 조직변화는 환경변화에 따른 것으로 어떤 환경변화가 있느냐는 어떻게 조직을 변화시킬 것인가에 지대한 영향을 미친다. ( )

② 제품이나 서비스에 대한 변화는 기존 제품이나 서비스의 문제점이 발생할 때뿐만 아니라 새로운 시장을 확대하기 위해서도 이루어진다. ( )

③ 조직변화는 기존의 조직구조나 경영방식하에서 환경변화에 따라 제품이나 기술을 변화시키는 것이다. ( )

④ 조직의 목적과 일치시키기 위해 문화를 변화시키기도 한다. ( )

학습 내용 요약

1. 조직문화는 조직의 방향을 결정하고 존속하게 하는 데 중요한 요인이다. 조직문화는 구성원들에게 일체감과 정체성을 부여하고, 조직몰입을 높여주며 구성원들의 행동지침으로 작용한다. 또한 조직의 안정성을 가져온다.
2. 조직변화의 과정은 첫 번째 환경변화 인지와 두 번째 조직변화 방향 수립, 세 번째 조직변화 실행, 마지막으로 변화결과 평가로 이루어진다.
3. 조직변화의 성공요인은, 첫 번째 새로운 아이디어로 변화의 출발점을 경쟁 기업과 고객이 깜짝 놀랄만한 것을 창출하며, 두 번째 변화의 필요성을 구성원 모두가 인식하는 것이고, 마지막으로 즉각적인 실행력이다.
4. 조직변화의 장애요인은 지나치게 신중한 문화, 기존 업무에서만의 변화, 경직된 구조와 추진과제 일정, 변화에 두려움과 소극적인 모습의 경영, 조직구성원 전체의 참여 유도 실패가 있다.
5. 조직변화의 장애요인 극복방안은 모든 경영진과 관리자를 조직변화 과제에 참여시키고, 조직변화 과제를 위한 마스터 플랜을 만들며, 조직변화를 위한 추진과제를 단계별로 실행하여 평가를 통한 수정을 이어간다. 또한 조직변화의 내용을 이해하지 못하거나 변화를 거부하는 구성원은 과감하게 대응하고, 가시적인 목표를 우선 제시하여 모든 조직이 집중하도록 한다.
6. 환경의 변화에 따라 조직은 변화해야 생존할 수 있으므로 직업인은 조직의 일원으로서 조직변화에 영향을 미치는 환경변화를 인지하고, 조직변화 방향을 수립하여 이를 평가하고 실행할 수 있어야 한다. 따라서 직업인들은 조직을 변화시키기 위해 제품과 서비스, 전략, 구조, 기술, 문화 등의 측면을 개선시킬 수 있어야 할 것이다.

PART 4

업무이해능력

Chapter 09 개인의 역할과 업무

Chapter 10 업무수행의 방해요인과 관리

CHAPTER

09 개인의 역할과 업무

Contents

1. 업무의 개념과 특성
2. 업무수행계획 수립
3. 업무수행의 원칙

학습목표

1. 업무이해능력을 설명할 수 있다.
2. 업무의 개념과 특성을 설명할 수 있다.
3. 업무수행계획 수립 절차를 설명할 수 있다.
4. 업무수행 시트를 작성할 수 있다.
5. 업무수행 원칙을 설명할 수 있다.

주요 용어

업무이해능력	직무기술서	업무수행계획 수립
업무수행 시트	업무수행 원칙	

미리보기

의류회사에 근무하는 조급한 주임은 매일 허둥지둥 일을 하느라 바쁘다. 항상 업무 마감일에 쫓기기 때문이다. 반면에 같은 사무실에 근무하는 한여유 주임은 언제나 그렇듯 차분하게 일을 하고 있다. 주임은 한 주임에 비해 자신이 야근도 더 많이 하고 점심도 거를 정도로 더 열심히 하는 것 같은데, 정작 회사에서 인정을 받는 사람은 한 주임인 것이 마음에 걸렸다.

그래서 조 주임은 오늘 한 주임의 일과를 유심히 관찰해 보기로 했다. 우선, 한 주임은 회사에 오자마자 다이어리에 무언가를 열심히 적는다. 가까이 가서 보니, 동그라미, 네모, 세모로 그림을 그리고 있는 게 아닌가! '아니 뭐야? 왜 이런 사람이 인정을 받는 거지?'

한 주임이 다이어리를 펴 놓고 잠깐 자리를 비운 사이, 조 주임은 이를 자세히 보았다. 그것은 단순한 그림이 아닌 업무 추진도였다. 언제 일을 시작해서, 누구를 만나고, 세부적으로 언제까지 무슨 일을 끝내는 등의 일정이 자세하게 적혀 있었다.

제9장에서는 업무의 개념과 특성에 대해 학습한 후 업무수행계획 수립 절차에 대해 알아본다. 그리고 업무성과를 향상시키기 위한 업무수행 시트와 업무수행 원칙에 대해 학습하도록 한다.

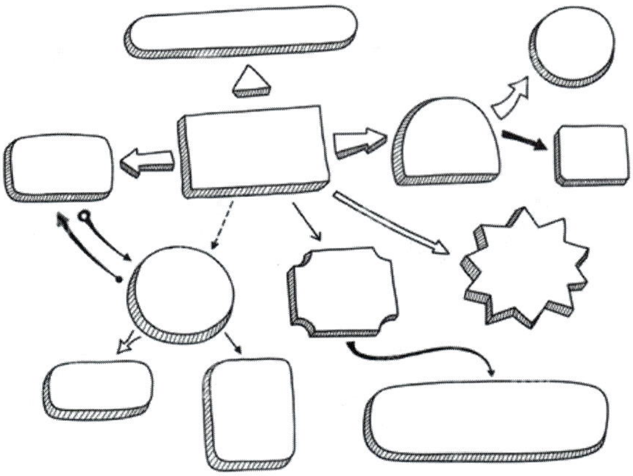

01 업무의 개념과 특성

1) 업무의 개념

조직을 구성하는 최소단위는 개인의 업무이다. 구성원들의 성공적인 업무수행 결과가 합쳐져 조직은 공동목적을 달성하게 된다. 업무는 조직이 개인에게 부여한 의무이자 책임으로, 제품이나 서비스를 창출하기 위한 생산적인 활동이다. 직업인들은 자신의 업무를 자유롭게 선택하기보다 조직에 의해 주어지게 된다. 따라서 직업인은 자신에게 주어진 업무의 성격과 내용을 알고 그에 필요한 지식 · 기술 · 행동을 확인하는 업무이해능력을 길러야 한다.

(1) 업무분장

조직의 업무는 〈조직 및 업무분장규정〉에 따라 분배된다. 표 9-1 은 '조직 및 업무분장 규정'의 간단한 예시이다.

표 9-1 조직 및 업무분장규정

〈조직 및 업무분장 규정〉

1. (목적) 이 규정은 각 팀 간의 소관업무 및 이에 따른 책임과 권한을 명확히 구분하여 팀 상호 간의 업무 중복을 피하고 커뮤니케이션의 원활화를 통하여 업무수행능력을 극대화시키고 소관업무에 대한 책임과 권한을 다할 수 있도록 하는 데 목적이 있다.
2. (적용범위) 이 규정은 당사의 조직 및 업무분장에 적용한다.
3. (용어의 정의) ① (회사조직도) 당사의 조직구조를 대표이사를 중심으로 하여 각 팀을 부문별로 도식화하여 나타낸 도면을 말한다.
   ② (업무분장) 팀별 업무상 책임의 경계를 명확히 정하는 행위를 말하며 이는 책임과 권한의 기준이 된다.
4. (책임과 권한) ① (대표이사) 회사를 대표하는 최종적인 책임자로, 회사 경영상의 모든 책임과 권한을 가진다.
   ② (임원) 대표이사를 보좌하고 각 팀의 업무를 총괄관리한다. 대표이사가 장기간 부재시에 그 업무를 대행한다.

③ (팀장) 해당 팀의 업무를 총괄관리하며, 이에 따른 책임을 진다.

④ (팀원) 팀장 및 소속 상급자의 통솔하에 지휘감독을 받고 상호 간 협력하여 업무에 종사할 책임과 권한이 있다.

5. (업무절차) ① (조직기구) 회사의 조직기구는 〈첨부 1〉과 같다. 단, 조직기구는 경영상의 변화가 있을 때 개편 및 조정을 할 수 있다.

② (업무집행의 원칙) 회사의 업무는 다음에 정하는 원칙에 따라 집행되어야 한다.

- 명령계통 통일의 원칙 : 지시 및 명령은 규정된 계통에 따라 상급자로부터 하급자에게 발하는 것으로서 이를 문란하게 해서는 안 된다.
- 협의 및 협조의 원칙 : 업무의 원활한 집행을 위하여 관계부서와 충분히 협의하고 협조하는 데 노력하여야 한다.
- 업무 실시의 원칙 : 업무의 집행에 있어서는 회사정책을 중심으로 한 실시계획을 명확히 하고, 실시결과는 확인되어 신속하게 보고하여야 한다.

③ (권한행사) 업무를 수행하기 위한 권한과 책임을 동시에 부여한다. 권한의 집행은 팀 단위로 하며 그 기준은 팀별 업무분장표 〈첨부 2〉에 따라 집행한다. 직원들은 팀별 업무분장표에 따라 명시된 담당업무를 처리하여야 한다.

④ (유권해석) 각 팀의 업무내용의 세부적 사항에 대하여 팀별 상호 간에 이견이 있을 경우 이에 대한 해결은 각 팀장과 임원의 협의를 통하여 결정한다.

6. (부칙) 본 규정은 2018년 1월 1일부터 시행한다.

조직을 운영하기 위해 구성원들은 다양한 업무를 수행한다. 대부분의 조직에서는 총무 · 인사 · 회계 · 생산 · 연구개발 · 영업 등의 업무를 수행한다. 기획팀, 인사팀, 영업팀 업무분장 예시를 보면 표 9-2 와 같다.

표 9-2 업무분장 예시

부 서	업무분장
기획팀	경영계획 및 전략 수립, 전사기획업무 종합 및 조정, 중장기 사업계획의 종합 및 조정, 경영정보 조사 및 기획보고, 경영진단업무, 종합예산수립 및 실적관리, 단기사업계획 종합 및 조정, 사업계획, 손익추정, 실적관리 및 분석
인사팀	조직기구의 개편 및 조정, 업무분장 및 조정, 인력수급계획 및 관리, 직무 및 정원의 조정 종합, 노사관리, 평가관리, 상벌관리, 인사발령, 교육체계 수립 및 관리, 임금제도, 복리후생제도 및 지원업무, 복무관리, 퇴직관리
영업팀	판매 계획, 판매예산의 편성, 시장조사, 광고 선전, 견적 및 계약, 제조지시서의 발행, 외상매출금의 청구 및 회수, 제품의 재고 조절, 거래처로부터의 불만처리, 제품의 애프터서비스, 판매원가 및 판매가격의 조사 검토

(2) 업무 배정

조직의 업무는 조직 전체의 목적을 달성하기 위해 개인별로 배정된다. 업무를 배정할 때에는 일의 동일성, 유사성이나 일의 관련성에 따라 이루어진다. 조직에서 업무가 배정되면 개인별로 각자 업무가 주어지게 된다. 표 9-3 에 볼 수 있듯이 같은 부서에 근무하더라도 세부적으로는 다른 업무를 담당하는 것을 알 수 있다.

표 9-3 비전관광호텔의 프론트 업무

프론트 지배인	프론트 부서의 책임자, 객실판매와 고객서비스, 호텔현관영접부서 종사자 업무의 지휘 · 감독 · 교육
객실 판매원	고객 영접, 숙박 등록, 객실 배정, 객실 열쇠 관리, 귀빈도착 시 상부보고
프론트 안내원	고객의 질문에 응답, 인사, 객실 및 프론트 안내
기록 사무원	숙박고객의 모든 기록, 변경사항 처리, 숙박카드 관리
전화교환원	전화교환 업무, 국제통화 업무, 전화문의 안내, 전보접수 업무

2) 업무 특성과 직무기술서

(1) 업무 특성

모든 업무는 업무수행에 요구되는 지식 · 기술 · 태도와 활용도구 등이 다르다. 업무 권한은 업무담당자에게 규정에 의하여 공식적으로 부여된 것이다. 조직구성원은 업무에 대한 권한과 함께 그에 따르는 책임과 의무를 지게 된다. 업무와 관련된 용어인 직무, 업무, 과업에 대해 살펴보자.

① 직무

직무는 업무의 목적이나 수준이 유사한 업무들의 집합이다. 한 직무는 단일, 또는 복수의 근로자가 수행할 수 있다.

② 업무

업무는 특정 개인이 수행하는 여러 가지 과업의 집합이다. 하나의 업무는 이를 수행하기 위해 기대되는 역할과 책임이 부여된다.

③ 과업

과업은 특정 역할을 구성하는 구체적이고 명확한 작업 활동, 또는 여러 동작의 집합을 의미한다.

(2) 직무기술서

직무기술서(job description)는 특정 직무에 관한 정보를 체계적으로 정리한 설명서이다. 직무기술서에는 직무 명칭과 직무 개요, 업무 및 과업, 그리고 직무수행 요건 등을 기술한다. 표 9-4 는 매장 전용 음악방송 공급자라는 신직업의 직무기술서 예시이다.

표 9-4 직무기술서 예시

직업 명칭	매장 전용 음악방송 공급자(music coordinator)
직무 개요	업종 · 고객층에 따라 계절별, 시간별로 각 매장의 특성에 꼭 맞는 음악을 선곡하여 제공하는 것은 물론, 개인(업주)의 목소리를 녹음하여 오디오 광고 및 안내방송을 매장에서 플레이할 수 있도록 하는 서비스 공급자이다.

업 무	과 업
고객상담	• 제안요청사항 분석 • 매장 방문 • 매장 특성과 고객 니즈를 분석
제안서 작성과 프레젠테이션	• 고객 상담 결과 분석 • 고객맞춤형 콘텐츠와 서비스 설계 • 제안서 작성과 프레젠테이션 실시
Pilot 테스트	• 고객맞춤형 콘텐츠와 서비스 개발 • Pilot 테스트 실행 • 문제점과 고객의 피드백 사항 분석
브랜드라디오 서비스 실시	• 뮤직 코디네이터의 1:1 매장 맞춤 선곡 및 업데이트 실행 • 시간대별, 계절별, 날씨별 1:1 매장 맞춤형 서비스 제공 • 개인(업주)이나 전문 성우의 매장 광고, 안내방송을 제작 · 지원
고객관리	• 고객의 불만사항 분석 • 고객의 불만사항 처리(해결) • 장기 주요고객 특별 관리

직무수행요건		
지 식	기 술	태 도
• 기획 · 음악 관련 분야 지식 • 클래식 · 팝송 및 가요 지식 • 고객 · 시장조사방법론 • 기획 Tool	• 대인관계 · 소통 스킬 • ICT 관련 기술 • 제안서 작성 능력 • 프레젠테이션 스킬 • 회의 및 퍼실리테이션 스킬	• 성실 · 신뢰 • 회복탄력성 • 끈기 • 공감 • 학습의욕

(3) 직무 연관성

업무는 다른 업무와 유기적인 관계를 가지고 있다. 어떤 업무는 구매에서 출고와 같이 일련의 과정을 거치는 반면, 어떤 업무는 독립적으로 수행되기도 한다. 한편, 업무마다 자율성이나 재량권도 다르다. 연구 · 개발 등과 같은 업무는 비교적 자율적이고 재량권이 많은 반면, 조립 · 생산 등과 같은 업무는 주어진 절차와 규격에 따라 이루어진다. 자신의 업무를 중심으로 관련된 이전 업무 및 이후 업무와의 흐름을 파악하고, 내가 각 업무담당자들에게 요구하는 바와 반대로 그들이 내게 바라는 바가 무엇인지를 파악해 보는 것은 소통과 협업에 매우 중요하다.

이전 연관 업무 ⇨	나의 업무 ⇨	이후 연관 업무
담당자		담당자
담당자		담당자
담당자		담당자

그림 9-1 업무흐름도

02 업무수행계획 수립

업무를 효과적으로 수행하기 위해서는 사전에 계획을 수립하는 것이 필요하다. 계획을 수립하고 체계적으로 업무를 수행하면 조직의 목적에 부합될 수 있고, 업무 마감일에 쫓기지 않고 시간적 여유를 가지며, 업무 활동의 각 단계별로 정확하게 수행할 수 있는 장점이 있다.

사례 연구 1

[미리보기] 사례에서 조급한 주임은 항상 열심히 일을 하는데도 한여유 주임에 비해 업무성과가 좋지 않다.

---

❶ 직장에서 '일을 잘 한다'는 것의 의미는 무엇이라고 생각하는가?
❷ 조 주임보다 한 주임이 일을 더 잘하는 이유는 무엇인가?
❸ 조 주임이 업무성과를 높이기 위해서는 어떻게 해야 하는가?

업무수행계획은 조직의 목적이나 방침에 부합되도록 조직이 정한 규정이나 규칙 · 규범 · 시간 등의 제약요인을 확인하는 것이 선행되어야 한다. 업무지침을 확인한 후, 활용 가능한 자원과 제약조건을 확인하고 이에 따라 업무수행을 체계적으로 표현하는 업무수행 시트를 작성하도록 한다.

조직에는 다양한 업무가 있으며, 업무에 따라 이를 수행하는 절차나 과정이 다르다. 또한 개인에 따라서 효과적인 업무수행 방법이나 노하우가 있다.

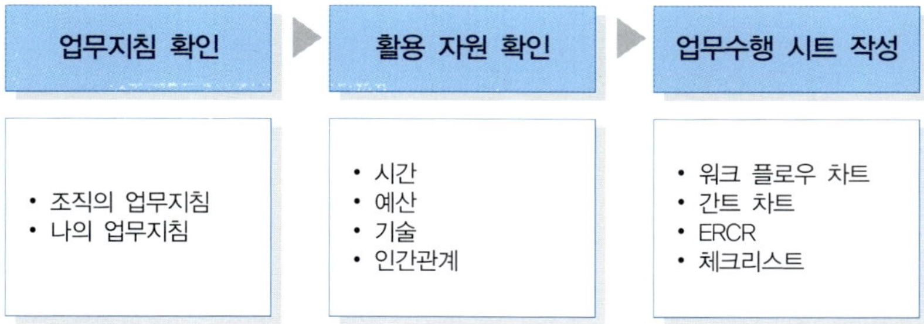

그림 9-2 업무수행계획 수립의 절차

1) 업무지침 확인

업무를 수행하는 데 있어서 업무와 관련된 지침을 확인하는 것이 첫 단계이다. 업무지침은 업무를 수행하는 데 안내자 역할을 한다. 특히, 조직의 업무지침은 개인이 임의대로 업무를 수행하지 않고 조직의 목적에 부합될 수 있도록 안내한다.

한편, 직업인들은 조직의 업무지침을 토대로 개인의 업무지침을 작성할 수 있으며, 이는 업무수행의 준거가 되고 시간을 절약하는 데 도움이 된다. 개인의 업무지침을 작성할 때에는 조직의 업무지침, 장단기 목표, 경영전략, 조직구조, 규칙 및 규정 등을 고려하도록 한다. 다만, 조직이나 개인의 업무지침 모두 환경의 변화에 따라 신속하게 수정되지 않으면 오히려 잘못된 결과를 낳을 수 있으므로 3개월에 한 번 정도 지속적인 개정이 필요하다.

2) 활용자원 확인

업무지침을 수립한 후 자신에게 주어진 자원을 확인한다. 업무와 관련된 자원으로는 시간, 예산, 기술 등의 물적자원과 조직 내·외부에서 공동으로 일을 수행하는 인적자원이 있다. 조직 내에서 이러한 자원들은 무한정으로 주어지는 것이 아니므로, 제한된 조건하에서 효과적으로 활용할 수밖에 없다. 또한 자신의 업무를 수행하는 데 요구되는 지식, 기술이 부족하다면 이를 함양하기 위한 계획을 수립

해야 할 것이다.

표 9-5 업무지침과 활용자원 확인

회사의 업무지침		
나의 업무지침		
활용자원	시간	
	예산	
	기술	
	협력부서/업체	

3) 업무수행 시트 작성

활용자원을 확인하였으면 이제 업무수행 시트를 작성하여 업무수행 계획을 구체화한다. 업무수행 시트를 작성하면 마지막에 급하게 일을 처리하지 않고 주어진 시간 내에 끝마칠 수 있다. 또한, 업무수행 단계별로 처리해야 할 일과 협조를 구해야 할 사항을 체계적으로 알 수 있을 뿐 아니라 문제가 발생할 경우 발생지점을 정확히 파악함으로써 시간과 비용을 절약할 수 있다. 업무수행 시트로는 워크 플로우 차트, 간트 차트, ERCR, 체크리스트가 있다.

(1) 워크 플로우 차트

워크 플로우 차트(work flow chart)는 일의 흐름을 동적으로 보여주는 데 효과적이다. 특히 워크 플로우 차트에 사용하는 도형을 다르게 표현함으로써 주된 작업과 부차적인 작업, 혼자 처리할 수 있는 일과 다른 사람의 협조를 필요로 하는 일, 주의해야 할 일, 컴퓨터와 같은 도구를 사용해서 할 일 등을 구분해서 표현할 수 있다. 예를 들어 다음의 예시에서 사각형은 주된 업무를, 타원은 세부 절차를, 원은 시작과 종료를 나타낸다. 또한, 각 활동별로 소요시간을 표기하면 더욱 효과적이다.

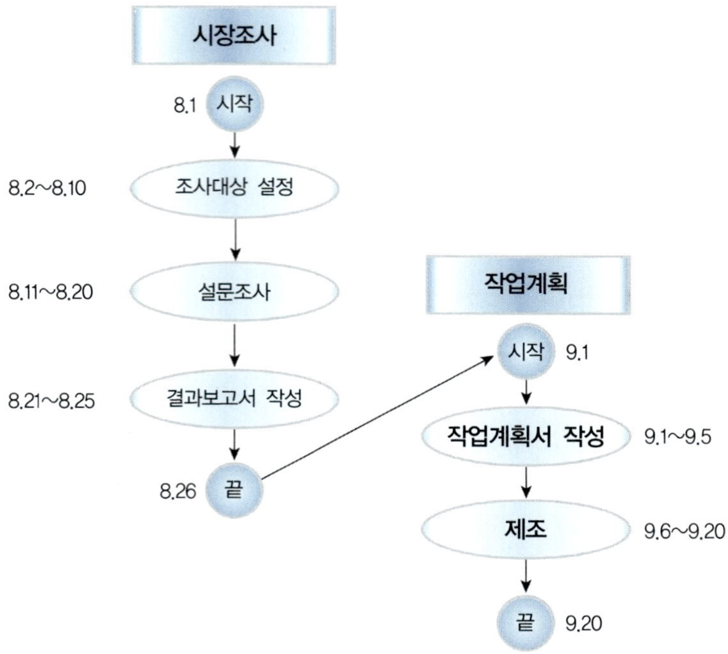

그림 9-3 워크 플로우 차트

(2) 간트 차트

간트 차트(Gantt chart)는 미국의 간트(Henry L. Gantt)가 1919년에 창안한 작업 진도 도표로, 단계별로 업무를 시작해서 끝나는데 걸리는 시간을 바(bar) 형식으로 표시한다. 간트 차트는 전체 일정을 한 눈에 볼 수 있고, 단계별로 소요되는 시간과 각 업무활동 사이의 관계를 보여줄 수 있다. 최근에는 엑셀(Excel) 등의 프로그램으로 단계별 시작일과 종료일을 기입하면 쉽게 간트 차트를 만들어 사용할 수 있다.

그림 9-4 간트 차트

(3) ERCR

조직성과를 증진시키기 위한 ERCR기법을 활용해 구체적 방법을 모색할 수 있다. 여기서 E는 Eliminate(제거), R은 Reduce(감소), C는 Create(창조), R은 Raise(증가)를 의미한다.

즉, 조직성과를 증진시키기 위해 무엇을 현재의 수준 이하로 내리거나, 현재 수준 이상으로 올릴지, 또는 무엇을 새로 창조하고, 버려야 할지 등의 네 가지를 탐색한다.

표 9-6 ERCR

구분	
제거 (Eliminate)	
감소 (Reduce)	
창조 (Create)	
증가 (Raise)	

(4) 체크리스트

체크리스트(checklist)는 업무의 각 단계를 효과적으로 수행했는지 자가점검해볼 수 있는 도구이다. 체크리스트는 시간의 흐름을 표현하는 데에는 한계가 있지만, 업무를 세부적인 활동들로 나누고 각 활동별로 기대되는 수행수준을 달성했는지를 확인하는 데에 효과적이다.

표 9-7 체크리스트

업 무		체 크	
		YES	NO
고객관리	고객 대장을 정비하였는가?		
	3개월에 한 번씩 고객 구매 데이터를 분석하였는가?		
	고객의 청구 내용 문의에 정확하게 응대하였는가?		
	고객 데이터를 분석하여 판매 촉진 기획에 활용하였는가?		

사례 연구 2

업무수행 시트를 활용하여 다음 지시사항을 수행한 후, 그 결과를 팀원들과 공유하시오.

❶ 앞으로 3개월 동안 해야 할 일과 스케줄에 대해 간트 차트를 활용하여 작성하시오.
❷ 자신의 삶을 현재보다 나은 상태로 하기 위해 무엇을 없애거나 줄일지, 무엇을 새로 시작하거나 늘릴지에 대해 ERCR 업무활용 도구를 이용하여 생각해보시오.
❸ 자신의 하루 일과를 점검하는 체크리스트를 작성하시오.

03 업무수행의 원칙

1) 정확성

업무에는 언제나 정확성이 있어야 한다. 아무리 간단한 업무라도 하나하나 잘 듣고 확인하여 상사가 무엇을 기대하고 있는가를 명확히 이해하고, 불분명한 점은 질문하여 확인한 다음 일에 착수한다.

2) 신속성

업무는 신속하게 처리한다. 지시 받은 업무는 기한 전에 끝내도록 한다. 가능하면 중간 보고를 하여 상사의 지시사항과 차이가 있을 때는 수정·보완하도록 한다. 기한 내에 업무를 마치지 못할 경우 사전에 지연 사유를 보고하고 후속조치를 듣는다.

3) 집중

집중시간을 정하여 업무 중단에 따른 시간 낭비를 제거하는 것도 업무수행에 도움이 된다. 한편, SNS를 통한 소통으로 인해 업무 집중도가 떨어지고 계속적인 업무 중단 등의 문제가 발생하고 있다. 과도한 디지털 도구 활용에 따른 디지털 피로감과 부작용을 줄이기 위해 이에 소요되는 노력과 시간을 자기만의 규칙을 정해 줄이려는 디지털 다이어트가 필요하다. 즉, SNS를 확인하고 이에 대응하는 시간을 정해 그 시간에만 이용하는 것이다. 이메일 역시 규칙을 정해서 사용하는데, 이메일이 도착할 때마다 확인하는 것보다 시간을 정해놓고 한꺼번에 확인하는 것이 업무 효율을 제고하는 데 도움이 된다.

4) 협업

회사업무는 혼자서 하는 것이 아니다. 나 이외의 동료, 다른 부서의 사람들, 상사들의 손을 거쳐서 완결되는 것이다. 따라서 그 업무에 관계되는 사람들의 상황을 고려하지 않으면 안 된다. 자신의 주요 업무가 부서 내, 또는 다른 부서와 어떤 연관성과 프로세스를 가지고 진행되는지 파악하는 것이 매우 중요하다.

사례 연구 3

신종 코로나바이러스 감염증(코로나19) 확산을 방지하기 위해 많은 기업이 재택근무를 도입했다. 원격으로 일한다는 뜻의 '텔레 워크'와 디지털 기기를 활용해 언제 어디서나 일하는 '디지털 노마드'라는 말이 나온 때는 1970년대였다. 2000년대에는 임대료가 비싼 미국 실리콘밸리를 중심으로 '리모트 워크'라는 개념이 등장했다. 재택근무보다 넓은 의미로 다양한 공간에서 자유롭게 일하는 근무 형태를 뜻한다. 우리나라에서는 2010년대 들어 '스마트 워크' 바람이 불었다. 스마트 워크는 정보통신기술(ICT)을 활용해 시공간의 제약 없이 업무를 수행하는 근무 형태다. 최근에는 사람 중심의 업무 공간과 문화를 갖춰 업무 몰입도와 성과를 높이는 '디지털 워크 플레이스'로 진화하는 개념이다. 이제는 재택근무를 넘어 디지털 워크 플레이스를 논하는 수준에 맞춰 새로운 일하는 방식을 준비해야 할 때다. 기술적인 환경이 갖춰져 있기 때문에 이에 걸맞은 문화를 만들기 위해 노력해야 한다. 특히 물리적으로 떨어져서 일하는 환경인 만큼 더욱 신경 써야 할 것이 자율과 협업의 문화다.

출처: 한국경제 (2020.03.26).

다음 각 질문에 대한 자신의 의견을 정리하여, 팀원들과 공유하시오.

❶ '하드 워크(hard work)', '스마트 워크(smart work)', '딥 워크(deep work)'는 각각 무슨 뜻인가?

❷ 업무공간(space)과 업무시간(time), 그리고 업무방식(method)의 개선을 통해 업무성과를 높이는 방법으로 각각 무엇이 있는가?

❸ 부서 내, 또는 다른 부서와의 협업을 원활하게 하기 위해 필요한 것은 무엇인가?

학습평가

01 다음은 업무이해능력에 대한 설명이다. (　) 안에 들어갈 적절한 용어를 적으시오.

> 업무이해능력은 직업인이 직장생활을 하는 중에 자신에게 주어진 업무의 (①)과 내용을 알고, 그에 필요한 (②), 기술, 행동을 확인하는 능력이다.

02 다음 중 업무에 대하여 틀린 설명은 무엇인가?

① 업무는 상품이나 서비스를 창출하기 위한 생산적인 활동이다.
② 업무는 조직의 목적 아래 통합된다.
③ 직업인들은 자신의 업무를 자유롭게 선택할 수 있다.
④ 업무에 따라 다른 업무와의 독립성의 정도가 다르다.

03 다음 설명 중 올바른 내용에는 ○을, 틀린 내용에는 ×를 표시하시오.

① 업무를 배정할 때에는 일의 동일성, 유사성이나 일의 관련성에 따라 이루어진다. (　)
② 업무 권한은 업무담당자에게 규정에 의하여 공식적으로 부여된 것이다. (　)
③ 직무명세서는 특정 직무에 관한 정보를 체계적으로 정리한 설명서이다. (　)

04 **업무수행 시트의 종류별 설명을 연결하시오.**

① 간트 차트 • • A. 단계별로 업무의 시작과 끝 시간을 바 형식으로 표현

② 워크 플로우 시트 • • B. 수행수준 달성을 자가점검

③ 체크리스트 • • C. 일의 흐름을 동적으로 보여줌

05 **성과를 향상시키기 위한 업무수행 원칙에 대해 설명하시오.**

학습 내용 요약

1. 업무이해능력은 직업인이 자신에게 주어진 업무의 성격과 내용을 알고 그에 필요한 지식 · 기술 · 행동을 확인하는 능력이다.
2. 모든 직업인은 업무를 수행한다. 업무는 제품이나 서비스를 창출하기 위한 생산적 활동이다. 직업인은 업무를 수행함으로써 조직의 목적달성에 기여한다.
3. 직무기술서는 특정 직무에 관한 정보를 체계적으로 정리한 설명서이다. 직무기술서에는 직무 명칭과 직무 개요, 업무 및 과업, 그리고 직무 수행요건 등을 기술한다.
4. 업무수행 계획은 조직의 목적이나 방침에 부합되도록 조직이 정한 규정이나 규칙 · 규범 · 시간 등의 제약요인을 확인하는 것이 선행되어야 한다. 업무지침을 확인한 후, 활용 가능한 자원과 제약조건을 확인하고 이에 따라 업무수행을 체계적으로 표현하는 업무수행 시트를 작성하도록 한다.
5. 업무수행 시트로는 워크 플로우 차트, 간트 차트, ERCR, 체크리스트가 있다.

CHAPTER

10 업무수행의 방해요인과 관리

Contents

1. 업무와 관련된 갈등의 유형과 관리방법
2. 업무 상황에서 발생하는 스트레스의 원인과 관리방법
3. 업무의 방해요인과 관리방법

학습목표

1. 업무와 관련된 갈등의 관리법을 설명할 수 있다.
2. 직무스트레스의 개념과 유형을 설명할 수 있다.
3. 자신에게 주어진 업무의 방해요인을 구분할 수 있다.

주요 용어

갈등관리	직무스트레스	스트레스관리
업무 방해요인		

미리보기

현대인의 적, 집중력을 분산시키는 요인들

매일 새롭게 등장하는 기계들과 살아가는 현대인은 본의 아니게 집중을 하지 못하게 된다. 사무실에서 일을 좀 하려다 보면 동료가 말을 걸기도 하고, 회의에 참석하라는 요청도 오고, 메신저로 누군가 부르고, 이메일이 왔다는 신호가 알려지고, 전화도 오고, 컴퓨터에서는 새로운 업데이트나 바이러스 감염을 알리는 메시지가 뜬다.

이러다 보니 일에만 집중할 수 있는 시간은 점점 줄어들게 된다. 한 연구 결과에 따르면 일반적으로 사무실에서 근무하는 사람은 근무시간 중 평균 11분마다 일을 중단시키는 방해요인이 등장해 주의를 다른 곳으로 분산 시킨다고 한다. 한번 분산된 집중력을 다시 원상태로 돌리는데는 놀랍게도 25분가량이나 걸리는 것으로 나타났다. 일에 집중할 시간을 이러저러한 이유로 뺏기다 보니, 하던 일은 계속 밀리고 또 새로운 업무가 주어지게 되면 본의 아니게 잠도 덜 자게 되고, 야근을 밥먹듯 하게 된다는 것이다.

그러나 정작 돌이켜 보면, 이런 집중력 분산은 본인 스스로가 만들어가는 것이다. 컴퓨터나 인터넷이 잠깐 동안이라도 작동을 안 하면 이곳저곳에서 탄성이 나오고, 휴대폰 벨소리만 들리면 자신의 휴대폰을 먼저 쳐다보게 된다. 친구들의 메신저 대화명이 어떻게 바뀌었는지 궁금해지고, 괜히 누군가에게 메신저로 이야기를 시작하게 된다. 실시간으로 업데이트되는 뉴스에 눈이 가고, 초단위로 바뀌는 주식변동 차트에 눈이 돌아가게 된다. 이런 증상이 심해지면 주의력결핍장애(attention deficit disorder, ADD)까지 유발하게 된다.

이렇게 직원의 집중력 분산으로 하루 업무 시간 중 버리는 시간은 하루의 1/4에 해당된다고 한다. 돈으로 환산하면 기업마다 매년 수많은 비용이 그냥 날아가는 것과 마찬가지이다. 실제로 미국에서는 집중력 분산으로 매년 기업에서 그냥 날리는 돈이 5,580억 달러에 달한다고 한다.

전문가들은 집중력 분산을 예방하기 위해서는, 업무수행 중에 잠깐 동안 이메일을 읽고, 주가를 체크하고, 잠깐 잡담도 나눌 수 있다는 생각을 버려야 한다고 한다. 또한 한 번에 하나씩 일을 집중해 처리하고 30분 정도는 명상의 시간을 갖는 것도 도움을 준다고 조언한다.

출처: 시사영어사 홈페이지. http://www.ybmallinall.com/
한국산업인력공단, 조직이해능력 교수자용 워크북 재인용.

제10장에서는 업무수행에 있어 장애가 되는 요인들은 무엇이 있는지 알아보고, 이를 효과적으로 관리하는 방법에 대해 학습하도록 한다.

01 갈등관리

1) 갈등의 의미와 원인

(1) 갈등의 의미

갈등의 한자를 살펴보면 칡을 뜻하는 갈(葛) 자와 등나무를 뜻하는 등(藤) 자로 이루어져 있다. 칡덩굴은 줄기가 왼쪽으로 감고 올라가고 등나무는 오른쪽으로 감고 올라가는데 두 나무가 서로 엉키면 풀기 어렵다는 뜻에서 나온 한자어다. 갈등을 나타내는 영어 conflict의 어원을 살펴보면 라틴어의 콘피게레(configere)에서 유래하였다. 이는 '함께'라는 의미의 콘(con)과 '충돌이나 다툼'을 의미하는 피게레(figere)가 합쳐진 합성어로 개인이나 집단 간에 서로 충돌한다는 뜻을 가지고 있다. 갈등은 일반적으로 조직을 구성하는 개인과 집단, 조직 간에 잠재적 또는 현재적으로 대립하고 마찰하는 사회적 · 심리적 상태를 말한다.

(2) 갈등의 원인

사람들이 모인 곳에서는 갈등이 발생하기 마련이며 공동의 목표를 달성하기 위해 노력하는 조직 내에서도 갈등은 항상 일어나게 마련이다. 갈등은 주로 의견 차이가 생기기 때문에 발생하게 된다. 예를 들어 조직의 변화와 혁신이 필요하다고 생각하는 사람과 현재의 방식을 고수하려는 사람이 있을 수 있다. 또한 한정된 예산을 부서별로 확보하는 과정에서 팀 간에 갈등이 발생할 수 있다. 공동의 목표를 공유하고 있지만 그 목표를 달성하는 수단과 방법에 있어서는 생각의 차이가 있을 수 있다. 이 과정에서 문제의 본질과는 다른 감정적인 문제들이 동반되는 경우가 발생한다. 갈등의 원인은 표 10-1 과 같다.

표 10-1 갈등의 원인에 대한 두 가지 쟁점

핵심 문제	감정적 문제
• 역할 모호성 • 방법에 대한 불일치 • 목표에 대한 불일치 • 절차에 대한 불일치 • 책임에 대한 불일치 • 가치에 대한 불일치 • 사실에 대한 불일치	• 공존할 수 없는 개인적 스타일 • 통제나 권력 확보를 위한 싸움 • 자존심에 대한 위협 • 질투 • 분노

출처: 한국산업인력공단, 대인관계능력 학습자용 워크북, p.100.

(3) 갈등의 기능

업무를 수행하면서 생기는 갈등은 조직구성원 개인 간의 갈등, 팀 간의 갈등과 같은 집단적 갈등, 외부 조직과의 갈등 등이 발생할 수 있다. 이러한 갈등은 업무시간을 지체하게 하고, 정신적인 스트레스를 가져오는 등 업무수행능력과 관련하여 부정적인 결과를 초래하게 된다. 반면, 갈등은 지금까지 업무환경과 상황에 대해 사람들이 서로 다른 입장과 생각을 가지고 있음을 알 수 있는 계기가 된다. 갈등은 새로운 시각에서 문제를 바라보게 하고, 다른 업무에 대한 이해를 증진시켜주며, 조직의 침체를 예방해주기도 한다.

갈등의 결과가 항상 부정적인 것만은 아니다. 흔히 갈등은 발생하지 말아야 하는 것이라는 부정적 인식이 있다. 갈등으로 인해 관계가 단절되고 조직이 와해되는 최악의 경우도 발생할 수 있지만, 문제 상황에서 갈등은 새로운 해결책을 만들어 주는 기회를 제공하기도 한다. 중요한 것은 갈등에 어떻게 반응하느냐 하는 것이다. 따라서 갈등이나 의견의 불일치는 불가피하며 본래부터 좋거나 나쁜 것이 아니라는 점을 인식하는 것이 중요하다. 갈등이 해결되지 않고 방치된다면 팀의 발전을 저해할 수 있다. 그러나 잘 관리한다면 갈등을 통해 합리적인 의사결정을 이끌어낼 수 있다. 결국 당신과 조직이 갈등을 어떻게 관리하느냐에 따라 결과는 달라진다.

① 갈등의 순기능

- 갈등에 직면했을 때 사람들은 평상시보다 더 혁신적이 된다.
- 갈등은 다양한 심리적 요구들을 표출하고 만족시킬 수 있는 기회를 마련할 수 있다.
- 갈등은 가치 있는 혁신과 변화를 이끌어 낼 수 있다.
- 갈등을 잘 해결한 경우 조직구성원과 조직의 문제해결 역량이 향상될 수 있다.

② 갈등의 역기능

- 갈등으로 인해 생산성이 저하된다.
- 갈등은 관계를 단절시킬 수 있다.
- 갈등이 심각한 경우 조직의 근간이 무너질 수 있다.
- 갈등은 조직구성원들의 정서적 · 신체적 안정을 해칠 수 있다.

2) 갈등관리의 진행과정과 해결방법

갈등을 효과적으로 관리하기 위해서는 먼저, 갈등상황을 받아들이고 이를 객관적으로 평가해보아야 한다. 갈등을 유발시킨 원인은 무엇인지, 장기적으로 조직에 이익이 될 수 있는 해결책은 무엇인지를 생각해본다. 그리고 갈등을 해결하는 데 가장 중요한 것은 대화와 협상으로 의견일치에 초점을 맞추고, 양측에 도움이 될 수 있는 해결방법을 찾는 데 주력한다. 상황에 따라 어떤 경우에 있어서는 갈등을 직접적으로 해결하려는 개입이나 대처보다 일단 갈등상황에서 벗어나는 회피전략이 더욱 효과적일 수도 있다. 특정 시기나 마감기간을 지나면 자연적으로 해소되는 문제의 경우가 그렇다. 그러나 갈등으로 인해 팀과 조직의 분열을 초래할 가능성이 있을 때에는 갈등상황을 해결하기 위한 중재나 개입이 필요하다. 이때 충분한 해결시간을 가지고 핵심문제와 감정적인 문제를 고려하여 접근하여야 한다.

(1) 갈등의 진행과정

업무상황에서 발생하는 갈등은 의견의 불일치에서 시작하여 일정한 단계를 거쳐 해결되거나 해소된다. 일반적으로 갈등은 5단계를 거쳐 전개되며 그 안에서 나타나는 갈등의 양상은 다음과 같다.

① 1단계: 의견 불일치

생각이나 신념, 가치관이 다르고 성격도 다르기 때문에 업무적으로 다른 사람들과 의견이 다를 수 있다. 조직의 목표를 공유하고 업무를 분장하여 협력하여 일을 하는 과정에서 목표달성의 수단이나 업무방식 등에서 차이가 날 수 있다. 특히 상사와 부하의 관계나 선후배 관계에서 윗사람의 지시를 일방적으로 따라야 하는 경우가 있다. 회의를 통해 업무진행상황을 공유하고 업무 담당자로서 대화를 나누는 것이 중요하다. 개인뿐만 아니라 조직 내의 팀 간에 협력해야 하는 경우도 자기 팀의 의견이 무시당하거나 반영되지 않는 경우 불만과 오해가 쌓이기 쉽고 심각한 갈등으로 발전하게 된다.

② 2단계: 대결 국면

개인 간, 팀 간의 의견 불일치가 해소되지 않으면 업무를 둘러싸고 대결 국면으로 들어서게 된다. 이 단계에서는 감정이 개입되면서 상대방의 주장에 대한 문제점을 찾기 시작하고, 자신의 입장을 옹호한다. 서로 타협하거나 양보하지 않는 상태에 이르게 되면서 긴장은 더욱 높아지고 개인 간, 팀 간에 감정적인 대응이 더욱 격화되어 간다.

③ 3단계: 격화 국면

격화 국면에 이르게 되면 상대방에 대하여 더욱 적대적인 태도를 보인다. 설득이나 대화를 통해 문제를 해결보다는 직위나 부서 간 알력을 통해 상대방을 누르려고 한다. 협력해야 하는 같은 조직의 구성원이라는 인식은 약해지고 상대방에 대한 불신과 부정적인 인식이 확산된다. 이 단계에서는 상대방의 생각이나 의견,

제안을 업무적으로 고려하지 못하고 반박과 부정으로 대응하는 한편 자신의 입장과 태도는 정당하게 생각한다.

④ 4단계: 진정 국면

업무상 발생한 갈등은 업무수행이라는 특성상 일정한 시간 내에 진정 국면에 들어선다. 갈등상황은 무한정 유지될 수 없으며 해결을 해야만 다음 업무를 진행할 수 있기에 결론을 맺을 수밖에 없다. 진정국면에서는 협상과정을 통해 문제의 핵심을 논의하고 이전과는 새로운 제안을 하고 대안을 모색하게 된다. 이 과정에서 중개자나 조정자 등의 제3자가 개입할 수도 있다.

⑤ 5단계: 갈등의 해소

진정 국면에 들어서면 갈등 당사자들은 문제를 해결하지 않고는 자신들의 목표를 달성하기 어렵다는 것을 알게 된다. 일상생활에서 발생하는 개인들 간의 갈등과 달리 조직에서는 다음 업무진행을 위하여 양쪽이 만족하지 못하더라도 어떤 방식으로든지 결론이 난다.

(2) 갈등관리 방법

갈등상황에서 이에 대처하는 방식은 개인마다 조직마다 다를 수가 있다. 이는 성향에 따른 것일 수도 있지만 갈등을 야기한 문제의 핵심이나 감정적인 문제가 무엇이냐에 따라 다를 수 있다. 또한 갈등상황에서 자신이 얻어야 할 결과에 따라서도 달라질 수 있다. 갈등상황에서 해결을 위한 대처방식에 따라 회피형, 경쟁형, 수용형, 타협형, 통합형으로 구분할 수 있으며, 각 유형의 특징은 다음과 같다.

① 회피형

회피형(avoiding)은 자신과 상대방에 대한 관심이 모두 낮은 경우로서, 갈등상황에 대하여 상황이 나아질 때까지 문제를 덮어두거나 위협적인 상황에서 피하고자 하는 경우를 말한다. 회피형은 개인의 갈등상황으로부터 철회 또는 회피하는 것으로, 상대방의 욕구와 본인의 욕구를 모두 만족시킬 수 없게 된다. 이 전략은 '나도

지고 너도 지는 방법(I lose-You lose)'이라고도 한다.

② 경쟁형

경쟁형(competing)은 지배형(dominating)이라고도 하는데, 자신에 대한 관심은 높고 상대방에 대한 관심은 낮은 경우로서 '나는 이기고 너는 지는 방법(win-lose)'을 말한다. 경쟁형은 상대방의 목표달성을 희생시키면서 자신의 목표를 이루기 위해 전력을 다하는 전략이다. 이 방법은 제로섬(zero sum) 개념을 의미한다.

③ 수용형

수용형(accomodating)은 자신에 대한 관심은 낮고 상대방에 대한 관심은 높은 경우로서 '나는 지고 너는 이기는 방법(I lose-You win)'을 말한다. 이 방법은 상대방의 관심을 충족하기 위하여 자신의 관심이나 요구는 희생함으로써 상대방의 의지에 따르는 경향을 보인다. 이 방법은 상대방이 거친 요구를 해오는 경우에 전형적으로 나타나는 반응이다.

④ 타협형

타협형(compromising)은 자신에 대한 관심과 상대방에 대한 관심이 중간 정도인 경우로서, 서로가 받아들일 수 있는 결정을 하기 위하여 타협적으로 주고받는 방식(give and take)을 말한다. 즉, 갈등 당사자들이 반대의 끝에서 시작하여 중간 정도 지점에서 타협하여 해결점을 찾는 것이다. 갈등 당사자 간에 불신이 클 때에는 이 방법은 실패한다.

⑤ 통합형

통합형(integrating)은 협력형(collaborating)이라고도 하는데, 자신은 물론 상대방에 대한 관심이 모두 높은 경우로서 '나도 이기고 너도 이기는 방법(win-win)'을 말한다. 이 방법은 문제해결을 위하여 서로 간에 정보를 교환하면서 모두의 목표를 달성할 수 있는 윈·윈 해법을 찾는다. 아울러 서로의 차이를 인정하고 배려하는 신뢰감과 공개적인 대화를 필요로 한다. 통합형이 가장 바람직한 갈등해결 유형이라 할 수 있다.

사례 연구 1

직장인 10명 중 8명 '일 보다 사람 싫어 회사 떠난다'

직장인들 사이에서 흔히 하는 말 중에 하나가 '일 싫은 것은 버텨도, 사람 싫은 것은 못 버틴다'이다. 최근에는 직장 내 세대 갈등도 이슈가 되면서 조직 분위기와 업무 효율성 쇄신을 위해 세대 간의 통합과 화합이 인사의 중요한 화두가 되고 있다. 구인구직 매칭 플랫폼 사람인이 '일과 직장 내 인간관계'에 대해 조사를 실시한 결과, 실제로 직장인의 81%는 '일vs사람' 중 퇴사에 더 영향을 미치는 것은 '사람'이라고 답했으며, 업무 관련 스트레스(28.2%)보다 인간관계 스트레스(71.8%)가 훨씬 심하다고 호소했다. 직장 내 인간관계 갈등이 원인이 되어 실제로 퇴사나 이직을 한 경험자도 절반 이상인 54.4%였다. 업무성과에 미치는 영향도 평균 66%로 집계돼 상당히 높은 편이었다.

직장인들이 선배(상사)와 갈등을 겪는 이유 1위로는 '업무 분장 등에서 자기에게만 유리한 비합리적인 결정이 잦음'(44%, 복수응답)이 차지했다. 다음으로 '자기 경험만을 내세우는 권위적인 태도'(40.4%), '업무를 나에게 미룸'(37.6%), '사적인 일 부탁, 잔심부름 등 지위를 이용한 갑질'(28.1%), '인격모독 발언 빈번'(19.9%), '업무 성과를 가로챔'(15.9%) 등의 이유가 있었다. 갈등을 해결하는 방법으로는 '가급적 갈등이 생기지 않도록 피한다'(59.6%, 복수응답)는 답변이 가장 많았다. 계속해서 '혼자 속으로만 참는다'(42.2%), '이직이나 퇴사를 준비한다'(35.5%) 등으로 자신들보다 높은 지위에 있기 때문에 주로 소극적인 대응이 주를 이뤘다.

선배(상사)와의 갈등은 '스트레스 증가'(80.7%, 복수응답)는 물론, '퇴사 및 이직 결심'(53.5%), '업무 동기부여 약화'(48.9%), '애사심 저하'(45%), '업무 집중력 저하'(42.2%) 등으로까지 이어져 실제 회사에도 영향을 주고 있었다. 한편, 후배(부하직원)와의 관계 갈등을 겪는 이들은 가장 큰 이유로 '업무 완성도 부족으로 일을 떠안게 됨'(45.3%, 복수응답)을 꼽았다. 이어 '시키는 업무만 하는 등 적극성 부족'(36.3%), '철저한 개인주의 성향으로 팀 내 화합이 어려움'(30.3%) 등이 있었다.

출처: 뉴시스 (2020.09.04).

위의 사례에 대한 다음 질문에 대하여 각자의 생각을 정리하고, 자신의 의견을 팀원들과 공유하시오.

❶ 다른 사람과 협업하면서 갈등을 겪은 경험이 있다면 이야기해보시오.

❷ 그 갈등을 해결하기 위해 어떤 노력을 했는지 이야기해보시오.

❸ 갈등해결 과정에서 얻은 교훈은 무엇인지 이야기해보시오.

02 스트레스관리

1) 스트레스에 대한 이해

스트레스란 '고난이나 고통'을 의미하는 영어의 stresse에서 파생된 단어다. stresse는 '좁다'라는 의미의 고대 프랑스어 estresse에서 유래하였고, 이는 '팽팽하게 잡아당긴다'는 의미의 라틴어 stringere의 과거분사 strictus에서 유래된 단어다. 스트레스 백과사전(Encyclopedia of Stress, 2000)에 따르면 스트레스는 "생리적 반응이나 행동적 반응을 일으키는 사실상의 위협 또는 본인이 위협으로 받아들이는 것"이라고 정의한다.

스트레스를 일으키는 다양한 상황 중 특히 업무를 수행하는 상황에서 발생하는 스트레스를 직무스트레스라고 한다. 미국 국립산업안정보건연구소(NIOSH)에 따르면 "직무스트레스란, 업무수행을 하는 과정에서 근로자에게 요구되는 사항들이 근로자의 능력이나 자원, 요구와 일치하지 않을 때 생기는 유해한 신체적 · 정서적 반응"이라고 정의하고 있다. 유럽위원회의의 「업무관련스트레스 안내서」에서는 "업무스트레스는 업무내용, 업무조직 및 작업환경의 유해하거나 바람직하지 않은 상태에 대한 근로자의 정서적 · 인지적 · 행동적 · 생리적 반응 패턴으로, 심각한 각성 및 우려와 더불어 때로는 대응할 수 없는 느낌으로 특징지을 수 있는 상태"로 설명하고 있다.

■ **업무상 불일치를 가져오는 상황요인**

- 조직구조: 조직체계 변화, 부적절한 의사소통, 조직목표와의 갈등, 권한과 책임의 불균형 등
- 업무수행: 업무분장 모호, 업무에 필요한 자원 부족, 업무과다, 업무능력과 난이도 차이 등
- 경력개발: 승진 기회가 없는 경우, 구조조정 대상선정, 해고 등

- 작업환경: 유해인자 노출, 안전문제, 불결한 작업장 상태, 적절한 장비와 자원의 부족 등
- 교대작업: 업무책임과 성과보상 불명확 등

업무 스트레스는 새로운 기술, 과중한 업무, 인간관계, 경력개발 등에 대한 부담으로 발생한다. 과중한 업무 스트레스는 개인뿐만 아니라 조직에도 부정적인 결과를 가져와서 과로나 정신적 불안감을 조성하고 심한 경우 우울증, 심장마비 등 질병에 이르게 한다. 그러나 적정수준의 스트레스는 사람들을 자극하여 개인의 능력을 개선하고 최적의 성과를 내게 한다.

2) 직무스트레스관리 유발요인

직무스트레스를 유발하는 요인들은 다양하다. 일반적으로 개인적 요인, 환경적 요인, 업무구조로 인한 요인, 물리적 환경으로 인한 요인, 조직 요인으로 나뉜다. 스트레스를 관리하기 위해서는 자신의 업무상황에서 비추어 이들 요인들을 점검해 볼 필요가 있다. 개인적으로 개선할 수 있는 사항들을 우선적으로 관리해 나가며, 조직 차원에서 변화나 조치가 가능한 경우 부서장이나 업무고충을 담당하고 있는 부서와 상의하는 것이 필요하다.

(1) 개인적 요인

스트레스는 심리적 요인이 크게 영향을 미친다. 부정적인 자기인식을 갖고 있는 경우 스스로의 능력을 낮게 평가하거나 조직 내에서 자신이 쓸모없는 존재라고 느끼는 경우 스트레스를 받을 가능성이 크다. 그와는 반대로 자신을 과대평가하는 경우 자신이 알고 있는 지식이나 업무방식만이 옳고 최선이라고 생각할 수 있다. 다른 사람의 의견이나 판단을 참고하거나 받아들이지 않으려는 경향 때문에 상사의 지시나 업무방식에 불만이 생길 수 있으며 동료들과 협업이 어려울 수 있다.

또한 실제 업무를 수행하는 능력이 부족한 경우 다른 사람과 비교하지 않더라도

스스로 위축감을 느낄 수 있다. 능력에는 문제가 없으나 자신의 능력 이상의 것을 보여주려는 과잉의욕이나 빨리 성과를 내려는 조급증, 다른 사람과의 경쟁심 역시 스트레스를 유발할 수 있다.

(2) 환경적 요인

업무시간에 비하여 과다한 업무와 이로 인한 연장근무는 업무만족도를 낮추는 요인이다. 또한 마감시간이나 기간을 지켜 목표량을 달성해야 하는 경우 시간적 압박에 스트레스를 받을 수 있다. 이와 반대로 업무가 현격하게 줄어들거나 없어지는 경우에도 스트레스를 받을 수 있다.

(3) 업무구조로 인한 요인

스스로 자신의 업무를 통제할 수 있는 권한이 없는 근로자가 비자발적인 장시간 노동과 야간근무를 요구받는 경우 정신적으로나 신체적으로 건강을 해치기 쉽다. 반면 본인의 의지와 상관없이 업무를 다른 사람에게 이관하거나 박탈당하여 업무량이 비정상적으로 줄어든 경우에도 스트레스를 받게 된다. 그동안 해보지 않은 낯선 업무를 하게 되는 경우, 그리고 지방이나 하급기관으로 전출된 경우 고용안정에 불안감을 느끼게 된다.

(4) 물리적 환경 요인

업무를 수행함에 있어 환경도 중요하다. 비좁은 공간이나 부족한 조명, 소음, 악취 등은 업무 집중을 방해하고 의욕을 저하시킨다. 위험한 기계나 약물을 다루는 일, 또는 보안이나 방범 등 폭력에 노출되는 업무에 장기간 종사할 경우 만성 스트레스 반응을 보일 수도 있다고 알려져 있다.

(5) 조직요인

조직의 구조적 이유로 근로자의 역할이 명확하지 않거나 업무지시나 체계가 모호한 경우 자신의 담당업무의 범위와 권한, 책임의 한계가 불분명하다. 이런 경우 여러 사람에서 업무지시를 받거나, 서로 다른 요구사항을 전달 받을 수 있다. 그러다보니 지시와 통제하는 사람은 많아지고 일에 대한 권한과 결정권은 상대적으로 적어질 수 있어 불만 요인이 증폭된다.

(6) 인간관계

직장생활은 업무 자체보다도 인간관계가 어렵다는 이야기가 있다. 근무환경이나 업무상의 문제보다 인간관계 때문에 회사를 그만두는 경우도 있다. 직장에서 업무는 다른 사람과의 협업을 통해 이루어지기에 상사와 부하의 수직관계와 팀원들 간의 수평관계가 원만하게 이루어져야 한다. 직장에서의 인간관계는 친목을 그 자체로 하는 사적인 관계가 아니라 일적으로 맺어진 관계다. 따라서 공동의 목표를 달성하기 위해 다른 사람과 의사소통하는 능력과 더불어 같이 일할 수 있는 사람으로서 신뢰를 구축하는 것이 중요하다.

직장생활의 특성상 동기라 할지라도 나이가 다르고 능력에 따라 진급이 빠른 사람과 그렇지 못한 사람이 생긴다. 동기가 상사가 될 수도 있고 나이 어린 후배를 상사로 모실 수도 있다. 나이와 연장자를 존중하는 문화가 강한 경우 이에 적응하지 못하고 힘들어하는 상황이 발생하기도 한다.

지금까지 살펴본바, 직무스트레스는 어느 한 가지 요인이 원인이 되어 발생할 수도 있지만 여러 가지가 복합적으로 얽혀서 발생하는 경우가 많다. 직무스트레스는 개인적 수준에서 비정상적인 신체증상과 심리상태를 유발하고 업무수행에도 부정적인 영향을 미친다. 이는 조직적 수준에서 볼 때 생산성 저하와 높은 이직률로 이어진다. 따라서 업무상황에서 스트레스를 주는 요인들을 점검하여 개선하고 이를 잘 관리하는 것이 중요하다.

표 10-2 스트레스가 미치는 영향

개인적 수준	조직적 수준
신체적 증상 정신적 증상 낮은 직무만족도 낮은 동기화 사기 저하	높은 결근율 높은 이직률 조기 퇴사 낮은 수행성과 낮은 조직몰입도

사례 연구 2

직무스트레스 상황을 극복하려다 잘 되지 않을 경우 우울, 불안, 긴장, 분노, 원망 등의 감정이 나타나고 업무에 몰입하지 못하여 의욕이 저하되어 탈진상태에 빠지는 것을 '탈진증후군'이라 한다. 다음은 탈진척도를 통해 자신의 상태를 점검하시오.

문항	내 용	전혀 그렇지 않다	약간 그렇다	그렇다	상당히 그렇다	아주 그렇다
1	내가 맡은 일을 하는 데 있어서 정서적으로 지쳐 있음을 느낀다.	0	1	2	3	4
2	일을 마치고 퇴근 시 완전히 지쳐 있음을 느낀다.	0	1	2	3	4
3	아침이면 또 일하러 가야 하는구나 하는 생각만 하면 피곤하다.	0	1	2	3	4
4	하루 종일 일하는 것이 나를 긴장시킨다.	0	1	2	3	4
5	내가 맡은 일을 수행하는 데 있어서 완전히 지쳐 있다.	0	1	2	3	4
6	현재 맡은 일을 시작한 이후로 직무에 대한 관심이 줄었다.	0	1	2	3	4
7	내가 맡은 일을 하는 데 있어서 소극적이다.	0	1	2	3	4
8	나의 직무기여도에 대해서 더욱 냉소적으로 되었다.	0	1	2	3	4
9	나의 직무의 중요성이 의심스럽다.	0	1	2	3	4
10	나는 직무상에서 발생하는 문제들을 효과적으로 해결할 수 있다.	0	1	2	3	4
11	내가 현재 소속된 조직에 효과적인 기여를 하고 있다고 느낀다.	0	1	2	3	4

문항	내 용	전혀 그렇지 않다	약간 그렇다	그렇다	상당히 그렇다	아주 그렇다
12	내가 생각할 때, 나는 일을 잘한다.	0	1	2	3	4
13	나는 직무상에서 무언가를 성취했을 때 기쁨을 느낀다.	0	1	2	3	4
14	나는 현재의 직무에서 가치 있는 많은 일들을 이루었다.	0	1	2	3	4
15	직무상에서, 나는 일들을 효과적으로 처리하고 있다는 자신감을 가지고 있다.	0	1	2	3	4
16	나는 방해받지 않고 일하기를 원한다.	0	1	2	3	4

※ 점수계산 방법: 회색 음영은 역채점 문항, 체크한 점수만큼 -로 계산

자신의 점수: ____________점

- 0~16: 활력 있는 상태
- 17~32: 경미한 에너지 저하
- 33~46: 탈진 증후군
- 47 이상: 심각한 정도

출처: 강동묵 외(2016). 직무스트레스의 현대적 이해, p.186.

❶ 자신의 스트레스 수준은 어느 정도인가?

❷ 스트레스의 주요 원인은 무엇인가?

❸ 스트레스를 관리하기 위해 무엇을 하고 있는가?

3) 직무스트레스 관리방법

직장인이라면 업무를 수행하는 과정에서 누구나 스트레스를 경험하게 된다. 적당한 스트레스는 그 일을 성취해냈을 때 만족감을 높이고 비슷한 업무상황이 다시 전개될 경우 잘 견뎌낸 수 있는 내성을 길러준다. 문제는 스트레스가 정도를 넘어섰을 때 정신건강을 위협하고 업무의 효율성을 저하시킨다는 것이다. 따라서 스트레스를 유발하는 요인들을 관리하여 이를 예방하고 가능하다면 그 수위를 조절하기 위한 대안을 마련하는 것이 필요하다.

앞에서 살펴본바와 같이 스트레스의 원인은 (1) 개인적 요인, (2) 환경적 요인, (3) 업무구조로 인한 요인, (4) 물리적 환경요인, (5) 조직요인, (6) 인간관계 등 다양한 요인이 원인이 되어 발생한다. 이들 요인 중에서 개인적 차원에서 예방하고 관리할 수 있는 것과 조직 차원에서 다루어야 할 요인들을 구분하여 개인의 심리적 부담에서 기인하는 것들을 먼저 관리하는 것이 필요하다.

개인적 요인의 경우 다음의 사항을 점검하고 관리하여야 한다. 첫째, 업무능력의 부족과 관련된 스트레스의 경우 자기개발을 통하여 직무능력을 향상시키는 것이 최우선의 방법이다. 이를 통해 업무수행의 속도와 결과물의 질을 높여 성과를 인정받을 수 있으며 다른 동료와 협업을 함에 있어 위축감에서 벗어나고 대등한 관계를 유지할 수 있다. 무엇보다 조직의 구성원으로 역할을 제대로 하고 있다는 조직의 평가와 자기 자신에 대한 평가는 스트레스를 덜 받고 정신적으로 건강한 직장생활을 하는 데 중요하다. 둘째, 성격이나 업무방식에 있어 개인적 성향으로 인한 스트레스의 경우 명상이나 종교생활 등을 통해 심적인 부분을 관리하는 것이 좋다. 경우에 따라서는 심리 상담과 관련된 프로그램에 참여하거나 전문가의 도움을 받는 것도 방법이다. 지나친 완벽주의나 주변과의 경쟁의식으로 빨리 성과를 내야 한다는 조바심과 강박에 시달리는 경우 본인뿐만 아니라 주변에 스트레스를 유발하는 사람이 되어 있을지도 모른다.

직장생활에서 인간관계로 인한 스트레스도 관리를 위한 노력이 필요하다. 첫째, 직장은 인간관계 그 자체가 목적이 아니라 공동의 목표를 달성하기 위해 직무를 수행하는 사람들이 만나 이루어진 관계라는 점을 인식하는 것이 필요하다. 업무를 수행하면서 다른 사람과 협업하기 위한 태도와 직장인으로서 직장매너를 갖추는 것이 필요하다. 둘째, 나이와 성별을 고려하여 상대방을 대하되 직급을 우선시 하도록 한다. 직장에는 다양한 연령의 사람들이 있으며 연령순서대로 입사하지 않는다. 때로는 나이 어린 선배와 나이 많은 후배와 함께 일 할 수도 있다. 중요한 것은 조직에서 부여한 직급과 그에 따른 업무의 권한과 책임이다. 이를 인식한다면 상사의 업무지시와 업무스타일에 자신이 적응하도록 노력하는 것이 스트레스를 덜 받는 길이다.

조직 차원에서 발생하는 스트레스는 개인이 관리하여 해결하기에는 어려운 부분이다. 조직의 구조나 업무권한과 책임, 근무환경, 예산지원 등은 개인이 관리하여 해결할 수 있는 문제는 아니다. 이에 대하여 조직에서는 팀장이나 관련 부서에서 직무스트레스를 진단하고 관리하려는 노력을 하고 있다. 규모에 따라서는 직원들의 심리 · 상담을 지원하는 부서를 마련한 곳도 있으며 외부 컨설팅을 통해 조직의 구조적 문제로 인한 직원들의 고충을 진단하고 개선하기 위한 조직개편과 업무조정 및 성과보상을 실시한다.

조직 차원에서 발생하는 스트레스가 심한 경우 선배나 상사와의 면담을 통해 다른 사람들은 어떻게 이를 극복하고 적응했는지 조언을 구하는 것도 방법이다. 동일한 업무 상황에서 어떤 방식으로 업무를 처리하고 대처했는지 노하우를 전수받아 자신의 상황에 접목시켜 보는 것도 좋다.

03 업무방해요인

1) 업무방해요인 점검하기

업무를 수행하다 보면, 아무리 계획을 체계적으로 세웠다고 하더라도 여러 가지 방해요인에 의해 좌절감을 경험하는 경우가 있다. 이러한 방해요인들은 사소해 보이지만 생산성을 방해하는 가장 큰 주범이다. 따라서 업무를 효과적으로 수행하기 위해서는 이러한 방해요인에는 어떤 것이 있는지 알아야 한다. 특히, 방해요인들은 잘 활용하면 오히려 도움이 되는 경우도 있으므로 이를 효과적으로 통제하고 관리할 필요가 있다.

▸▸▸ 읽을거리

〈직장인 업무 '골든타임'은 오전 10시〉

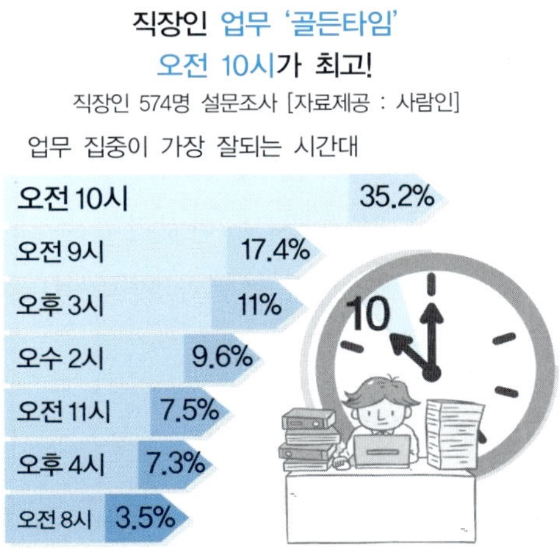

취업 포털 업체인 사람인에 따르면 최근 직장인 574명을 대상으로 '업무 집중도'에 대해 조사한 결과 35.2%가 '오전 10시'를 가장 집중도가 높은 시간으로 꼽았다. 이어 '오전 9시'(17.4%)라고 답해, 절반 이상의 직장인이 출근 직후 2시간 동안 가장 집중도가 높았다. 또한 '오후 3시'(11%), '오후 2시'(9.6%), '오전 11시'(7.5%) 등의 답변이 이어졌다. 이와 함께 1일 근무 시간은 평균 9시간이라고 답한 가운데 실제 업무 집중 시간에 대한 답변은 절반 수준인 평균 5시간에 그쳤다.

업무 집중에 부정적인 영향을 미치는 요인에 대해선 '졸음 및 피곤'(45.3%, 복수응답)을 1순위로 꼽았다. 이어 '각종 잡무(전화 응대, 복사 등)'(41.6%), '상사의 잦은 업무 지시 및 심부름'(38%), '불필요한 회의'(35.5%), '스마트폰 사용(SNS, 게임 등)'(20.2%), '메신저 사용(PC 및 모바일 등)'(19%), '주변 소음'(12.4%), '개인적인 문제(사생활)'(11.1%), '커피, 담배 등의 개인시간'(10.8%) 등도 업무 집중의 걸림돌이라 답했다.

한편 업무 집중도를 높이는 가장 좋은 방법으로는 '집중 잘되는 시간에 주요 업무를 한다'(42.3%, 복수응답)를 선택했으며, '업무별 타임 스케줄을 정한다'(30.3%), '낮잠을 잔다'(28.9%), '단순 업무를 먼저 한다'(24.7%), '커피, 간식 등을 먹는다'(24.6%) 등의 답변도 나왔다.

사람인 관계자는 "업무 성과는 얼마나 오래 일하느냐 보다 얼마나 집중하느냐가 관건인 만큼 본인 스스로 가장 집중이 잘되는 시간을 파악해 중요한 업무를 처리할 수 있도록 계획을 세우는 게 효과적"이라며 "기업 역시 직원들이 업무에 집중할 수 있는 시간을 확보할 수 있도록 허용해주거나 집중할 수 있는 업무환경을 조성해주는 등의 지원을 함께 해준다면 훨씬 더 시너지가 날 것"이라고 조언했다.

출처: 한국일보(2017.06.15).
http://www.hankookilbo.com/v/ad119d69c7014412bd376a10134015cc

위 사례를 보면 업무수행에 필요한 전화와 응대, 복사 등 잡무와 회의 등도 업무집중에 부정적인 영향을 미치는 것으로 나왔다. 그리고 근무시간에 스마트폰으로 SNS에 접속하거나 게임을 하는 경우도 상당수 있는 것으로 나타났다. 일하는 틈틈이 커피나 담배를 하면서 잠깐의 휴식을 취하는 것도 필요하지만 지나치면 업무의 흐름을 방해하게 된다.

하루 종일 바쁘게 일한 것 같은데 업무를 마치지 못해 퇴근을 미루고 잔업을 하는 경우도 생긴다. 이는 개인의 입장에서나 조직의 입장에서도 바람직하지 않다. 업무를 방해하는 요인을 찾기 위해서는 자신도 모르는 사이 업무와 관련 없는 일들로 시간이 소비되고 있는지 확인할 필요가 있다.

직장인이라면 오늘 하루 업무시간에서 다음 활동들에 소요된 시간을 작성하여 보자. 업무에 소요된 시간과 업무 외적으로 소요된 시간을 계산하여 보는 것을 권한다. 학생이라면 자신의 학교생활 중에서 해야 하는 일을 중심으로 하루 일과를 점검해 보자. 업무와 학업에 불필요한 활동이나 흐름을 끊는 활동이 바로 자신의 업무수행 방해요소이다.

2) 업무수행 방해요인 관리하기

직장에서 업무를 수행하다 보면, 한 일은 별로 없는데 시간이 훌쩍 지나버리는 경우가 있다. 이는 여러 가지 방해요인들이 직업인들의 업무수행을 방해하기 때문이다. 이러한 방해요인들을 잘 관리할 수 있는 방법에 대해 알아보자.

(1) 방문, 인터넷, 전화, 메신저 시간 정하기

다른 사람들의 방문, 인터넷, 전화, 메신저 등은 업무계획과 관계없이 갑자기 찾아오는 경우가 많다. 특히 최근에는 쉴 새 없이 쏟아지는 광고메일들을 정리하고 업무에 도움이 되는 메일을 선별하는 것이 문제가 되고 있다. 그러나 무조건적으로 다른 사람들과 대화를 단절하는 것은 비현실적이며 바람직하지도 않다.

이들을 효과적으로 통제할 수 있는 제1의 원칙은 시간을 정해 놓으라는 것이다.

반드시 모든 메일에 즉각적으로 대답할 필요가 없으며, 걸려오는 모든 전화에 그 시간에 통화할 필요는 없다. 하루 일과 중 메일을 확인하는 시간을 3시간에 10분 단위로 계획하고, 외부 방문시간은 일정한 요일과 시간대를 정해서 약속을 잡는 것이 좋다. 메신저에 접속하는 시간대와 할애시간도 정한다. 업무관련 전화는 용건 위주로 각 통화마다 3분 이내 통화원칙을 세우거나, 사적인 전화는 나중에 다시 걸겠다고 한 후 업무 시간 외에 통화하도록 한다.

(2) 업무에 필요한 서류와 명함, 파일 및 비품 정리정돈

업무수행에 필요한 서류나 파일, 명함은 평소에 정리정돈하여 놓는다. 일을 할 때마다 필요한 찾는 시간도 줄일 수 있어 일의 능률을 높인다. 예전에는 명함박스 등에 정리하였지만 요즘은 명함관리 앱을 활용할 경우 평소에 저장하여 놓으면 빠르게 찾을 수 있다.

사용하는 비품은 매일 사용하는 것과 가끔 사용하는 것으로 구분하여 정돈한다. 책상 위에는 PC를 중심으로 매일 사용하는 물건만 놓고 나머지는 작은 박스에 라벨을 붙여 서랍에 넣어둔다. 책상은 업무수행을 위한 공간으로 지저분하면 주위가 산만해지기 쉬우므로 평소에 정리하는 습관을 들이도록 한다.

(3) 회의 및 업무보고

회의가 많거나 늘어지는 경우 오히려 업무에 방해가 된다. 자신이 꼭 참석해야 하는 회의인지 내용을 확인하고 참석하도록 한다. 회의는 꼭 필요한 사항을 중심으로 진행하며 시간을 정해놓고 하는 것이 좋다. 업무보고 역시 결론 중심으로 핵심사항을 전달하고 확인받도록 한다. 그리고 보고서를 작성해야 하는 내용과 구두로 보고할 것을 구분하여 불필요한 문서작업을 줄이도록 한다.

(4) 집중근무시간 설정

출근 후 하루 일과 시간 동안 다양한 업무를 수행하게 되는데 이 시간 동안 일정한 속도로 업무를 계속적으로 수행하기는 어렵다. 중간 중간 회의나 업무보고도

해야 하고 팀원들과 협업할 일도 생긴다. 이 일들을 우선적으로 처리하다 보면 정작 자신이 독립적으로 처리해야 할 이들은 뒷전으로 밀려나게 되고 야근으로 이어지기도 한다. 이를 방지하기 위해서 하루 일과 중 자신의 업무를 집중적으로 수행하는 시간대를 설정하는 것을 권하다. 오전이나 오후 중 일정한 시간대에 자신이 집중하여 업무를 처리하는 시간을 고정하여 놓고 다른 사람과 협업할 일이나 회의 등은 다른 시간대에 맞추는 것을 권한다.

사례 연구 3

자신의 하루 중, 업무 또는 학업관련 주된 활동시간과 불필요한 시간을 점검하시오. 어떤 일들이 자신이 하는 일의 집중을 방해하고 있는지 찾아보시오.

업무시간 내 활동	소요시간 (분)
업무처리 또는 학업관련 주된 일	
자기개발(독서, 특강, 인터넷 강의 수강 등)	
회의 참석 또는 조별모임	
보고서 또는 과제 작성	
업무보고 또는 면담 및 상담	
주식 또는 게임	
업무 또는 학업과 관련 없는 인터넷 검색	
전화 통화	
동료 또는 친구와 잡담	
메신저	
이메일 작성 및 확인	
점심식사 시간	
낮잠, 담배, 커피타임	

❶ 업무 또는 학업에 집중하는 시간은 총 몇 시간이며, 성과를 내는 데 있어 적정한가?
❷ 자신의 업무 또는 학업을 방해하는 주요 요인은 무엇인가?
❸ 업무 또는 학업방해 요인을 어떻게 관리할 것인지 본인의 전략을 쓰시오.

학습평가

01 다음은 갈등에 대한 설명이다. ( ) 안에 각각 들어갈 적절한 용어를 적으시오.

> 갈등은 일반적으로 조직을 구성하는 개인과 집단, 조직 간에 잠재적 또는 현재적으로 대립하고 마찰하는 사회적 · 심리적 상태를 말한다. 갈등은 주로 (   )가 생기기 때문에 발생하게 된다.

02 다음 중 갈등의 쟁점 중 성격이 다른 하나는 무엇인가?

① 역할 모호성　　② 자존심 대결
③ 권력 확보　　④ 개인적 스타일

03 다음은 갈등에 대한 설명이다. 이와 관련하여 맞으면 ○을, 틀리면 ×를 표시하시오.

① 갈등은 항상 부정적인 것이다. ( )
② 갈등은 회피해서는 안된다. ( )
③ 갈등이 심각한 경우 조직이 무너질 수 있다. ( )

04 갈등의 전개 단계를 올바르게 연결하시오.

① 대결국면 •　　• A. 문제의 핵심을 논의하고 새로운 제안을 통해 대안을 모색
② 격화국면 •　　• B. 갈등 단계 중 감정이 개입되면서 상대방 주장의 문제점을 찾으면서 자신의 입장을 옹호
③ 진정국면 •　　• C. 대화를 통한 문제해결보다 직위나 부서 간 알력을 통해 상대방을 누르려고 함

05 직무스트레스가 조직에 미치는 영향에 대해 작성하시오.

학습 내용 요약

1. 갈등은 일반적으로 조직을 구성하는 개인과 집단, 조직 간에 잠재적 또는 현재적으로 대립하고 마찰하는 사회적 · 심리적 상태를 말한다.
2. 갈등의 결과가 항상 부정적인 것만은 아니며 잘 관리한다면 갈등을 통해 합리적인 의사결정을 이끌어내고 변화와 혁신을 할 수 있다.
3. 직무스트레스는 업무수행을 하는 과정에서 근로자에게 요구되는 사항들이 근로자의 능력이나 자원, 요구와 일치하지 않을 때 생기는 유해한 신체적 · 정서적 반응을 말한다.
4. 직무스트레스를 유발하는 원인은 개인적 요인, 환경적 요인, 업무구조로 인한 요인, 물리적 환경으로 인한 요인, 조직 요인이 있으며, 여러 요인들이 결합하여 복합적으로 나타나는 경우가 많다.
5. 업무방해 요인은 사소해보이지만 업무의 흐름을 끊고 집중하기 어렵게 하여 생산성을 낮추어 경우에 따라서는 좌절감을 경험하게 하므로 이를 점검하여 관리하는 것이 중요하다.

PART 5

국제감각능력

CHAPTER

11 세계화와 글로벌 인재

Contents

학습목표

1. 세계화의 개념과 국제감각의 정의를 설명할 수 있다.
2. 국제동향 파악방법을 적용할 수 있다.
3. 자신의 전공과 관련된 국제동향을 설명할 수 있다.
4. 글로벌 인재의 핵심역량을 설명할 수 있다.
5. 글로벌 인재가 되는 방법을 설명할 수 있다.

주요 용어

세계화	글로컬	국제감각
글로벌 인재	국제동향	국제법규 · 규정

미리보기

로저스 홀딩스의 회장 짐 로저스는 워런 버핏, 조지 소로스와 '세계 3대 투자가'로 불린다. 그는 직접 세계를 누비며 보고 들은 내용을 통해 미래를 예측하는 통찰가로도 유명하다. 1990년 6대륙 52개국 10만 마일을 모터사이클로 돌아본 뒤 중국이 세계의 중심에 있을 것이라고 예견했다. 당시 중국은 톈안먼 사태 이후 개혁 · 개방의 후유증을 겪고 있었다. 많은 사람들이 갸우뚱했지만 그의 예언대로 중국은 현재 세계 2위의 경제대국으로 부상했다.

이런 그가 "한국, 투자처로 흥미 없다"고 일갈했다. 로저스 회장은 서울 노량진 '공시촌'을 찾아 하루 15시간씩 공부한다는 학생들을 만나봤다고 했다. 그러면서 "10대들의 꿈이 빌 게이츠나 마크 저커버그가 아닌, 공무원이라는 건 슬픈 일"이라며 "청년들이 도전하지 않는 나라가 어떻게 신흥 국가들과 경쟁할 수 있겠나"라고 했다. 로저스 회장이 지적한 것처럼 업무나 직위와는 상관없이 '그냥 공무원'이 되기 위해 몇 년씩 머리를 싸매는 나라는 우리밖에 없을 것 같다.

제11장에서는 세계화와 국제감각에 대해 학습한다. 이와 함께 국제법규를 포함한 국제동향을 파악하는 방법에 대해 탐구한다. 끝으로 글로벌 인재의 핵심역량과 글로벌 인재가 되기 위한 방법에 대해 살펴본다.

출처: http://blog.daum.net/moge-family/2912

01 세계화와 국제감각의 필요성

1) 세계화

세계화(globalization)는 개인과 조직의 활동범위가 세계로 확대되는 것을 의미한다. 세계화에 따라 개인은 자유롭게 다른 나라로 이동을 할 수 있고, 다른 나라에서 생산된 상품이나 서비스를 직접 구매할 수도 있다. 기업은 자본 · 노동 · 기술과 정보 등을 대상으로 국경을 초월하여 두 나라 이상에서 동시에 기업활동을 전개하고 있다. 최근에는 다국적 내지 초국적 기업이 등장하여 범지구적 시스템과 네트워크 안에서 기업 활동이 이루어지는 국제경영이 중요시되고 있다. 우리는 3B(Border(국경), Boundary(경계), Barrier(장벽))가 완화되고 있는 세계에 살고 있다.

(1) 세계화의 진행

경제측면의 세계화는 우루과이라운드, 세계무역기구, 자유무역협정 등과 그 흐름을 같이 한다. 1986년 시작된 우루과이라운드 협상 결과 1994년에 WTO(세계무역기구)가 성립되면서 세계 각국은 무역과 서비스 등에서 WTO의 규정을 적용받게 된다. 생산과 교역에 있어 국제적인 규정을 따르게 됨으로써 경제를 중심으로 세계화가 가속화되었다.

한편, 자유무역협정(FTA)은 협정을 체결한 국가 간에 상품 · 서비스 교역에 대한 관세 및 무역장벽을 철폐함으로써 배타적인 무역특혜를 상호 부여하는 협정이다. 한국은 칠레, 싱가포르, EFTA, ASEAN, 인도, EU, 페루, 미국, 터키, 호주, 캐나다, 중국, 뉴질랜드, 베트남, 콜롬비아 등과 FTA를 체결하여 발효 중에 있다.

세계화가 이루어지면 기업(조직)은 해외에 직접 투자할 수 있으며, 원자재를 보다 더 싼 가격으로 수입할 수 있고, 운송비가 절감되며, 무역장벽이 낮아져 시장이 확대되는 경제적인 이익을 얻을 수 있다. 반면에 그만큼 세계적인 수준에서 경쟁이 치열해지기 때문에 국제경쟁력과 국제감각을 가지고 세계화에 따른 대응전략을 모색해야 한다.

세계화에 따라 조직구성원들도 다양한 문화의 사람들을 만나고 대화하며 거래 혹은 협상해야 할 일들이 증가하고 있다. 기업(조직)의 시장이 세계로 확대되는 것에 맞춰 조직구성원들의 의식과 태도 · 행동도 세계수준에 이르러야 하는 이유이다.

(2) 세계화의 주체

세계화는 경제나 산업 등의 측면을 넘어 정치 · 사회 · 문화 등의 영역까지 포괄하는 개념이다. 사실 세계화의 시작은 1970년대에 국가차원을 넘어서 인류 전체의 관점에서 환경과 빈곤 · 전쟁의 문제를 논의하려는 움직임에서 비롯되었다고 볼 수 있다.

환경오염과 생태계의 파괴 등은 국가차원의 노력으로는 해결할 수 없는 문제로 지구적 차원에서 생각하고 세계 여러 나라가 협력하여 해결해야 하는 과제라는 인식이 확산되었던 것이다. 이런 세계화의 움직임 속에 다양한 영역에서 국가단위의 움직임을 넘어 활동하는 여러 주체들이 있다. 글로벌 경제체제에서 초국적기업뿐만 아니라 환경과 인권문제를 다루는 다양한 비정부기관(NGO)들이 있다. 지구 생태계를 지키고자 하는 환경운동뿐만 아니라 국제인권이나 국제노동운동과 관련된 다수의 국제조직이 초국경적 활동을 활발하게 하고 있다. 그리고 한 국가 내의 지방정부들도 국가차원이 아닌 지방정부차원에서 대외 교역과 교류를 넓히고 있다.

개인 역시 세계화의 영향 아래 직업생활을 하고 각종 문화예술과 학문분야에서 활동한다. 최근 스포츠와 과학기술분야에서는 개인이 국적을 선택하여 활동할 정도로 그 활동영역이 확대되고 있다. 가수와 배우들의 경우도 해외로 진출하여 활동하면서 그들의 영향력과 경제효과는 국가를 넘어 확대되고 있다.

(3) 세계화와 지역화

이제는 세계화의 단계를 넘어 세계화와 지방화가 동시에 진행되는 시기라고 한다. 이른바 글로컬 시대이다. 글로컬(Glocal)은 세계(global)와 지역(local)이 합성된 신조어로, 세계적인 것과 지역적인 것의 동시성에 대한 새로운 인식을 담고 있다. 글로컬은 해외 진출 시 해당 지역들과 끊임없는 문화적 교류를 시도하여 서로에게 유익한 '공유문화'를 만들어가는 것을 중요하게 여긴다. 세계는 지금 "전 지구적으로 사고하고 로컬적으로 행동하라(Think Global Act Local)"는 글로컬 전략 구호를 외치고 있다.

한국의 '비비고(bibigo)'는 글로컬 경영전략을 통해 성공한 사례이다. CJ그룹의 한식 브랜드인 비비고는 비빔밥을 원류로 하되 각국 입맛에 맞는 메뉴를 개발하는 철저한 현지화 전략을 실행한 덕분에 2010년 출범 이후 국내외에 27개 매장을 두고 있다. 돌솥비빔밥이라는 한국의 식문화 콘텐츠를 선보이면서도 중국에서는 두부를, 영국에서는 칵테일을, 일본에서는 샐러드를 이용해 현지인이 좋아할 만한 메뉴를 지속적으로 개발하고 있다.

2) 국제감각의 필요성

점차 세계가 지구촌화되고 밀접하게 영향을 주고받음에 따라 직업인이 직장생활을 하는 동안에 다른 나라를 방문하거나 외국인과 거래해야 할 상황이 많아졌다. 이때 다른 나라 사정을 제대로 알지 못하면 의도하지 않은 실수를 저지르게 되고, 이는 조직 전체의 손실로 이어지기도 한다. 직업인이 국제적인 식견과 능력을 가지고 새로운 경쟁과 시장 환경에 맞서야 할 필요성이 증대되고 있는 것이다. 글로벌 시대에 성공하려면 국제감각을 길러야 한다.

국제감각은 단순히 외국어만을 잘하는 것을 의미하지 않는다. 국제감각은 다른 나라의 문화를 이해하고, 국제적 동향을 이해하는 능력이다. 이와 같이 국제감각은 첫째, 다른 나라의 문화적 특징 · 의식 · 예절 등 세계 각국의 다양성과 시장에 적응할 수 있는 능력을 말한다. 둘째, 자신의 업무와 관련하여 국제적인 동향을 파악하고 이를 적용할 수 있는 능력을 포함한다. 구체적으로는 각종매체(신문, 잡지, 인터넷 등)를 활용하여 국제적인 동향을 파악하기, 조직의 업무와 관련된 국제적인 법규나 규정을 숙지하기, 특정 국가의 업무관련 동향을 점검하기, 국제적인 상황변화에 능동적으로 대처하기 등의 활동을 말한다.

사례 연구 1

2022년 스위스 국제경영개발대학원(IMD)의 국가경쟁력 평가 결과, 우리나라는 평가대상 63개국 중 27위로 2020년 대비 4단계 하락한 것으로 조사되었다. IMD는 코로나 및 지정학적 리스크 등에 대한 대응, 변화하는 글로벌 상황에 적응도가 순위에 영향을 미친 것으로 평가, 국가별로는 덴마크 · 스위스 · 싱가포르가 각각 1, 2, 3위를 차지하였다.

주요국의 국가경쟁력 순위

	덴마크	스위스	싱가포르	스웨덴	홍콩	대만	미국	중국	영국	한국	일본
2022	1	2	3	4	5	7	10	17	23	27	34
2020	2	3	1	6	5	11	10	20	19	23	34

자료: 기획재정부(2022), 2022 IMD 국가경쟁력 평가결과.

1. 한국의 국가경쟁력이 하락한 이유는 무엇이라고 생각하는가?
2. 세계화에 따라 세계시민으로서의 의식과 역할이 강조되고 있다. 세계시민 관점에서 한국을 상, 중, 하로 평가할 때 어느 수준에 해당한다고 생각하는가? 그 이유를 구체적 사례를 들어 설명하시오.
3. 한국이 명실상부한 선진국으로의 국가위상을 높이고, 한국 국민이 세계시민으로 성장 · 발전하기 위해 개선하거나 변화해야 할 것은 무엇이라고 생각하는지 중요한 순서대로 세 가지를 제시하시오.

02 국제동향 파악과 국제법규

업무를 수행하다 보면 국내시장을 중심으로 활동하더라도 국제적인 이슈가 조직에 영향을 미치는 경우가 많이 있다.

사례 연구 2

원단수출업체인 ㈜미래텍스타일에 근무하는 서정민 파트장은 미국 대형 할인점에 수년간 의류를 공급해온 US테일과 수출 상담을 추진했다. US테일은 ㈜미래텍스타일이 그들이 제시한 가격수준과 공급량을 맞출 수 있는지 문의하였고, 서정민 파트장은 자사의 생산 원단이 중국이나 동남아시아 원단보다 품질 면에서 월등히 우수하다는 점을 부각시켰다.

US테일은 다른 나라 경쟁국 업체들의 가격 수준을 보여주며, 그 가격조건을 수용하지 않으면 협상을 진행할 수 없다고 압박하였다. 경쟁국 섬유업체들의 가격 정보를 모르는 상태에서 협상에 임한 서정민 파트장은 가격과 물량 면에서 조건을 맞추기 어렵다는 점을 인식했지만 대량 주문을 받기 위해 무리해서 US테일의 조건을 수용하고 계약을 체결했다. 그런데 계약조건에 따라 주문을 진행하는 과정에서 US테일의 예기치 못한 국제법규와 관행의 적용으로 ㈜미래텍스타일은 예상치 못한 비용이 발생하여 엄청난 손실을 입게 되었다.

❶ ㈜미래텍스타일이 US테일과의 거래에서 막대한 손실을 보게 된 원인은 무엇인가? 자신이 서정민 파트장이라면 US테일과의 협상을 어떻게 진행할지, 그리고 이 사례의 시사점은 무엇인지에 대한 의견을 제시하시오.

❷ [미리보기]에서 "10대 꿈 공무원인 한국, 흥미없다"는 짐 로저스 회장의 견해에 대해 어떻게 생각하는가? 본인은 공무원시험이나 해외취업에 대해 생각하고 있는가?

❸ 자신의 전공 분야에 대한 국제동향을 문헌이나 인터넷 등을 통해 조사하여 다음 〈표〉에 정리하시오. 조사를 통해 느낀 점을 이야기하시오.

구 분	관련 국제동향
정치적 이슈	

구 분	관련 국제동향
경제적 이슈	
사회 · 문화적 이슈	
기술적 이슈	
국제법규 이슈	

1) 국제동향 파악 방법

국제동향을 파악하기 위해 직업인이 일상생활에서 실천할 수 있는 방법들은 다음과 같다. 국제감각은 하루아침에 길러지는 것이 아니므로, 매일 규칙적으로 실행해서 축적해 나가는 것이 중요하다.

- 산업통상자원부, 고용노동부, 중소벤처기업부, 한국산업인력공단, 대한상공회의소, 산업별 인적자원개발협의체 등의 사이트를 방문해 국제동향을 확인한다.
- 해외서점 사이트를 방문해 최신 서적 목록과 주요 내용을 파악한다.
- 관련 분야 해외사이트를 방문하여 최신 이슈를 확인한다.
- 업무와 관련된 국제잡지를 읽고 요약 · 정리한다.
- 업무와 관련된 주요 외국어와 용어를 익힌다.
- 외국인 친구를 사귀고 대화를 자주 나눈다.
- 매일 신문의 국제면을 읽는다.
- 국제학술대회에 참석한다.

2) 국제적 법규 · 규정

업무와 관련된 국제적인 법규나 규정을 제대로 이해하지 못하면 큰 피해를 입을 수 있다. 국제적인 법규는 국제적으로 통용되는 국제규정 외에 각 나라마다 산업 활동을 규제해 놓은 법이 있다. 예를 들어, 대부분의 나라에서는 광고나 해외투자 등에 대한 법률이 마련되어 있다. 우리나라에서는 합법적인 행동이 다른 나라에서는 불법일 수 있다는 사실을 기억하고, 직업인은 국제적인 업무를 수행하기 전에 국제적인 법규나 규정을 알아보는 노력을 기울여야 한다.

03 글로벌 인재

글로벌 인재는 다양한 정치제도, 경제제도, 법과 규제, 관행, 규범, 그리고 경영 인프라 속에서 일한다. 가상환경(virtual reality)에서 컴퓨터와 디지털 매체를 통해 공간과 시간대를 넘나들며 일하기도 한다.

1) 글로벌 인재의 핵심역량

글로벌 인재는 자신들이 일하게 될 나라의 역사 · 지리 · 문화 · 정치 · 사회에 대한 지식을 가지고 있어야 한다. 맥신 돌턴 등(2004)은 글로벌 인재가 갖추어야 할 네 가지 핵심역량으로 국제 비즈니스지식, 문화적응능력, 관점수용능력 그리고 혁신자역할 수행능력을 들고 있다.

표 11-1 글로벌 인재의 핵심역량

국제 비즈니스지식	담당 국가의 역사 · 법규 · 관습에 대한 지식을 포함해 해당 사업과 경영방식에 대한 이해
문화적응능력	다른 나라의 문화적 기대에 맞게 지식을 확장시키고 행동양식을 바꾸는 것
관점수용능력	타 문화 환경에 있는 현지인의 관점으로 문제를 보고, 그들의 문화체계를 이해하는 것
혁신자역할 수행능력	새로운 것을 시도하고, 새로운 기회를 포착하고, 새로운 정책 · 절차 · 방법과 서비스를 창출하고, 다른 이들의 참여를 이끌어 내는 능력

2) 글로벌 인재가 되는 길

글로벌 인재가 되기 위해서는 글로벌 마인드, 다양한 외국문화 이해, 글로벌 전문성, 외국어 습득, 도전정신이 필요하다.

(1) 글로벌 마인드

글로벌 환경에서 경쟁상대는 국내가 아닌 해외이기 때문에 글로벌 마인드, 즉 국제적인 시야와 사고능력을 갖추어야 한다. 글로벌 인재가 되기 위해선 세계 시장의 변화 흐름을 읽고 변화에 한발 앞서 나아갈 수 있어야 한다. 의식과 환경을 항상 글로벌 환경에 부합할 수 있도록 열어 놓고, 이를 통해 자신이 나아갈 방향과 목표를 능동적으로 설정할 수 있는 능력을 갖추어야 한다. 이러한 능력을 갖추기 위해 해외신문, 국제뉴스 및 전문분야 사이트 등을 통해 세계의 정치 · 경제 및 시장동향을 파악할 수 있는 능력을 갖추어야 한다.

(2) 외국문화 이해

글로벌 환경에서는 외국의 현지인들과 상호작용해야 하는 빈도가 높아진다. 글로벌 환경에서 성공하기 위해서는 그 지역의 사회 · 문화적 특수성을 올바르게 이해하고 적용하여 문화적 차이로 인한 실패의 요인을 최소화할 수 있어야 한다.

(3) 글로벌 전문성

글로벌 전문성은 학력이나 경력, 자격증과 같은 스펙을 의미하는 것이 아니라, 자기 분야에 대한 전문 기술과 시장에 대한 전문 지식을 갖추는 것을 말한다.

(4) 외국어 습득

글로벌 인재가 되기 위한 필수요소는 어학능력이다. 세계를 무대로 활약하기 위해서는 어학능력이 매우 중요하며 이를 갖추기 위해 부단한 노력을 해야 한다. 외국어를 쉽고 빠르게 배울 수 있는 방법은 외국어에 대한 두려움을 버리고 외국어를 생활화하는 것이다. 외국인 친구를 사귀고 외국어로 생각하는 습관을 가짐으로써 몸소 부딪쳐 배워야 한다. 몸과 마음으로 익힌 외국어는 머리에서 잘 지워지지 않는다.

(5) 해외취업 탐색과 도전정신

해외취업의 이점은 많다. 학벌과 스펙보다는 직무역량 위주로 평가하기 때문에 실무능력을 갖췄다면 '지여인(지방대 · 여성 · 인문계열)' 중에서도 해외취업에 성공하는 사례가 많다. 자신의 대학 전공과 연계된 직무능력이 해외취업의 열쇠이다.

해외는 '공채'로 정규직을 한꺼번에 채용하는 경우가 드물다. 미국 대학생의 90%가 인턴을 거친 후 정식 사원으로 채용된다. 중국도 필요한 업무능력 보유자를 수시로 뽑는 구조다. 해외취업은 초봉은 적지만 경력이 쌓이고 실력이 입증되면 급여도 크게 오른다. 해외취업을 위해서는 일할 국가와 직종에 대한 결정, 포트폴리오로 정리할 만한 직무전문성과 특기, 이질적 문화 적응력, 그리고 해외취업 시장에 대한 정보가 필요하다.

사례 연구 3

임예찬은 싱가포르 특급호텔인 JW메리엇호텔의 슈퍼바이저(관리자)를 목전에 두고 있다. 지방의 2년제 호텔학과를 나온 그는 2년 전 해외로 눈을 돌렸다. 국내 130여 개 호텔경영 관련 학과에서 매년 졸업생 수천 명이 배출되지만 갈 만한 양질의 호텔은 80여 곳뿐인 탓이었다. 임 씨는 유튜브를 통해 해외 호텔에서 쓰는 '오페라' 체크인 운영시스템을 연구했다. 이런 노력을 인정받아 지난해 3월 싱가포르 호텔에 취업했다.

피터는 먼저 해외주재원 경험이 있는 옛 친구를 찾아가 이야기를 나누었다. 친구는 자신이 저지른 온갖 실수를 들려주었다. 나라마다 다른 문화를 가지고 있고, 문화 차이를 인정하는 것이 정말 중요하다는 것을 알게 되었다. 다음으로 피터는 인터넷에서 프랑스 역사 · 문화 · 소설책을 주문했다. 또한 온라인 방송과 신문을 보며 국제 뉴스와 비즈니스 기사를 요약하여 보게 되었다. 또, 프랑스어 MP3파일을 구해 직장과 집을 오가며 차에서 들었다. 집중해서 들을 수는 없지만 꾸준하게 반복해서 듣다보니 구문과 강세, 리듬이 익숙해지면서 내용도 조금씩 귀에 들리기 시작했다. 그리고 프랑스 동료에게 도움을 청하기도 했다. 그들은 "프랑스인들은 지적 능력, 전문지식과 고상한 것을 중시한다"고 했다. 프랑스인과 일을 할 때 주의할 점에 대해서도 알려주었다. 페이스북을 통해 프랑스 사람과 SNS로 연락을 주고받다가 이메일로 더욱 많은 이야기를 주고받고 있다. 이번 여름휴가에는 그들이 프랑스로 초대를 해서 그곳에서 지낼 계획이다.

---

❶ 글로벌 인재가 되기 위해 우리가 임예찬과 피터의 사례에서 본받을 수 있는 점은 무엇인가?

❷ 자신이 좋아하는 국가 중 하나를 선택하고, 주한대사관 홈페이지를 방문하여 그 나라의 문화와 정치 · 경제 · 사회적 이슈 그리고, 직업세계, 법규 · 규정 등에 대해 조사하시오.

❸ 한국산업인력공단에서 지원하는 '월드잡플러스' 모바일앱을 통해 해외취업이나 해외연수, 해외인턴, 해외봉사, 해외창업 등의 기회를 탐색하시오. 해외 취업 · 연수 · 인턴 등과 관련된 중요한 정보나 정보출처가 있으면 팀원들끼리 정보를 공유하시오.

학습평가

01 다음은 국제감각과 관련된 설명이다. (　) 안에 들어갈 알맞은 용어를 차례대로 적으시오.

> 국제감각은 외국의 (　①　)를 이해하는 것뿐만 아니라 국제적인 동향을 이해하고 이를 업무에 적용하는 것을 말한다. 구체적으로는 각종 매체를 활용하여 국제동향을 파악하기, 조직의 업무와 관련된 (　②　)을 숙지하기, 국제적인 상황변화에 능동적으로 대처하기 등의 활동들이 요구된다.

02 3B의 완화와 함께 세계화가 진행되고 있다. 다음 중 3B와 관계와 먼 것은 무엇인가?

① Border　② Boundary
③ Barrier　④ Base

03 다음 설명 중 올바른 내용에는 ○을, 틀린 내용에는 ×를 표시하시오.

① 세계화는 경제나 산업 등의 측면을 넘어 정치 · 사회 · 문화 등의 영역까지 포괄하는 개념이다. (　)
② 글로컬은 해외 진출 시 해당 지역들과 끊임없는 문화적 교류를 시도하여 서로에게 유익한 공유문화를 만들어가는 것을 중요하게 여긴다. (　)
③ 자유무역협정(FTA)은 다자간 무역협정이다. (　)

04 **글로벌 인재의 핵심역량에 대한 설명을 올바르게 연결하시오.**

① 국제 비즈니스지식 •		• A. 새로운 것을 시도하고, 새로운 기회를 포착하고, 새로운 정책 · 절차 · 방법과 서비스를 창출하고, 다른 이들의 참여를 이끌어 내는 능력
② 문화적응능력 •		• B. 담당 국가의 역사 · 법규 · 관습에 대한 지식을 포함해 해당 사업과 경영방식에 대한 이해
③ 관점수용능력 •		• C. 문화적 기대에 맞게 지식을 확장시키고 행동양식을 바꾸는 것
④ 혁신자역할 수행능력 •		• D. 타 문화 환경에 있는 현지인의 관점으로 문제를 보고, 그들의 문화체계를 이해하는 것

05 **국제동향을 파악할 수 있는 방법에는 대해 설명하시오.**

학습 내용 요약

1. 세계화는 개인과 조직의 활동범위가 세계로 확대되는 것을 의미한다. 경제측면의 세계화는 우루과이라운드, 세계무역기구, 자유무역협정 등과 그 흐름을 같이 한다. 우리는 3B(Border(국경), Boundary(경계), Barrier(장벽))가 완화되고 있는 세계에 살고 있다.
2. 세계화는 경제나 산업 등의 측면을 넘어 정치 · 사회 · 문화 등의 영역까지 포괄하는 개념이다. 세계화의 시작은 1970년대에 인류 전체의 관점에서 환경과 빈곤 · 전쟁의 문제를 논의하려는 움직임에서 비롯되었다.
3. 글로컬(Glocal)은 세계(global)와 지역(local)이 합성된 신조어로 세계적인 것과 지역적인 것의 동시성에 대한 새로운 인식을 담고 있다. 글로컬은 해외 진출 시 해당 지역들과 끊임없는 문화적 교환을 시도하여 서로에게 유익한 '공유문화'를 만들어가는 것을 중요하게 여긴다.
4. 국제감각은 다른 나라의 문화를 이해하고, 국제적 동향을 이해하는 능력이다. 국제감각은 다른 나라의 문화적 특징, 의식, 예절 등 세계 각국의 다양성과 시장에 적응할 수 있는 능력을 말한다. 또한, 자신의 업무와 관련하여 국제적인 동향을 파악하고 이를 적용할 수 있는 능력을 포함한다.
5. 글로벌 인재는 국제 비즈니스지식, 문화적응능력, 관점수용능력, 그리고 혁신자역할 수행능력과 같은 네 가지 핵심역량을 갖추어야 한다. 글로벌 인재가 되기 위해서는 글로벌 마인드, 다양한 외국문화 이해, 글로벌 전문성, 외국어 습득, 그리고 도전정신이 필요하다.

Memo

CHAPTER

12 이문화 이해와 국제매너

Contents

1. 이문화 커뮤니케이션의 개념과 방법
2. 글로벌 시대변화와 국제매너
3. 업무상황에서 필요한 국제비즈니스매너

학습목표

1. 이문화 커뮤니케이션의 개념을 설명할 수 있다.
2. 글로벌 시대변화에 따른 국제매너의 필요성을 설명할 수 있다.
3. 상황에 맞는 국제매너를 적용할 수 있다.

주요 용어

이문화 커뮤니케이션	문화충격	국제매너
국제비즈니스매너		

미리보기

국내 외국인주민 총인구 대비 3.4%… 경기도, 서울시, 경상남도 순으로 많아

〈외국인주민 증가 추이〉

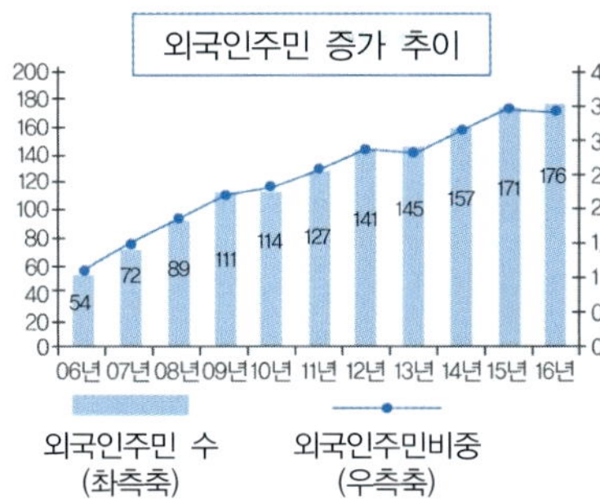

〈외국인주민 유형별 현황〉

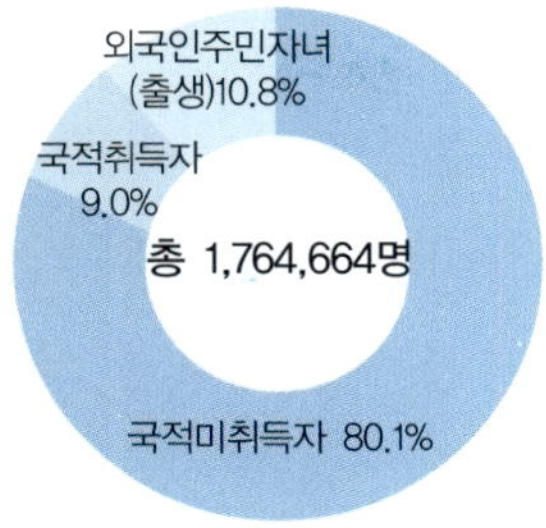

출처: 행안부.

우리나라에 사는 외국인주민수가 176만명을 돌파한 것으로 나타났다. 이는 총인구 5126만9554명 대비 3.4% 수준으로 2006년 53만6627명에 비해 3배 넘게 늘어난 것이다. 외국인주민이 1만명을 도시는 경기도 20개, 서울시 16개, 경상남도 6개, 인천시 5개 지역 등이다. 15일 행정안전부가 통계청 인구주택총조사 자료를 활용해 발표한 '2016년 지방자치단체 외국인주민 현황'에 따르면, 국내 거주 장기체류 외국인 · 귀화자 · 외국인주민 자녀는 총 176만 4664명이었다. 이는 2015년 11월 1일 기준으로 집계(171만1013명)한 것보다 3.1%(5만3651명) 증가한 수치다.

우리나라 17개 시도 인구와 비교하면 11번째에 해당하며 전라남도(179만6017명)와 충청북도(160만3404명) 사이 규모다. 유형별로는 장기체류 외국인(근로자 · 외국국적동포 · 결혼이민자 등)이 141만3758명(80.1%), 귀화자 15만9447명(9.0%), 외국인주민 자녀(출생) 19만1459명(10.8%) 등이다. 거주 지역은 경기도 57만1384명(32.4%), 서울시 40만4037명(22.9%), 경상남도 11만 4594명(6.5%) 순으로 많았다. 수도권(서울 · 경기 · 인천)에만 60.6% 가량이 몰렸다. 시 · 군 · 구별로는 경기도 안산시가 가장 많은 7만9752명으로 확인됐다. 다음으로 영등포구(5만5427명), 경기도 수원시(5만4284명), 경기도 화성시(4만8457명) 등에 집중됐다.

출처: 세계일보(2017.11.15.). (http://www.ajunews.com/view/20171115140457775)

제12장에서는 글로벌 시대변화에 따른 이문화 커뮤니케이션과 국제매너를 이해하고 업무상황에서 필요한 국제비즈니스매너를 익힌다.

01 이문화 커뮤니케이션의 개념과 방법

1) 이문화 커뮤니케이션의 개념

의사소통을 뜻하는 커뮤니케이션(commuication)의 어원은 '공통의(common)' 또는 '공유(share)'라는 뜻의 라틴어 '커뮤니스(communis)'에서 유래되었다. 커뮤니케이션의 어원에서도 알 수 있듯이 의사소통은 두 명 이상의 사람들이 서로 관계를 맺으면서 언어적 행위를 '함께 나누는 과정'을 전제로 한다.

과거에는 사람들이 자기가 태어난 지역 내에서 생활하면서 한정된 사람들과 면대면 접촉을 통해 서로 친밀하게 소통하였다. 오늘날 소셜 네트워크 서비스와 같은 미디어의 등장은 지리적 한계를 뛰어넘어 다양한 연령과 계층의 사람들이 소통할 수 있는 장을 열었다. 또한 교통수단이 발전하고 국가 간의 경계를 뛰어넘는 지구촌 시대가 되면서 다양한 국가와 민족, 인종, 종교적 배경을 지닌 이들과 상호교류가 활발한 세상에 살고 있다. 우리경제가 성장하면서 외국자본이 유입되고 외국인 노동자들의 이주가 활발해졌다. 문화적으로 한류열풍이 불면서 아시아를 비롯한 다양한 나라에서 한국에 대한 관심이 높아지고 있다. 요즘은 우리나라로 유학 오는 외국인 학생들이 늘어나면서 다른 문화권의 학생들과 수업을 들을 수 있는 기회도 많아졌다.

흔히들 외국어를 잘하면 외국인과 의사소통하는 데 있어 문제가 없을 것이라고 생각한다. 하지만 유창한 외국어 실력이 있는 학생들도 그 나라의 문화를 이해하지 못하면 의사소통에 한계를 보인다.

한 예로, 외국인 유학생이 지도교수와 학교생활에 대해 이야기하는 동안 팔짱을 끼고 긴 시간 동안 그 자세를 유지했다. 지도교수는 이야기가 끝날 무렵 어른이나 상사 앞에서 팔짱을 끼는 것이 우리 문화에서는 바람직하지 않다고 조언을 해주었다. 그 이야기를 들은 외국인 학생은 깜짝 놀라며 자신의 나라에서는 팔짱을 끼는 것이 상대방에 대한 존경을 나타내는 의미였다며 그래서 이야기 내내 그 자세를 유지했다고 하였다.

표 12-1 외국인 유학생 현황

구 분	총 계	학위과정	비학위과정
2021년	152,281	120,018	32,263
2020년	153,695	113,003	40,692
2019년	160,165	100,215	59,950
2018년	142,205	86,036	56,169
2017년	123,858	72,032	51,826
2016년	104,262	63,104	41,158
2015년	91,332	55,739	35,593
2014년	84,891	53,636	31,255
2013년	85,923	56,715	29,208
2012년	86,878	60,589	26,289
2011년	89,537	63,653	25,884

출처: Study in Korea News(2021.08.30.).

비단 외국인과의 대화에서만 이런 것이 아니다. 문화는 연령에 따라 세대 간의 차이가 있고, 조직에 따라 차이가 있으며, 지역에 따라 차이가 있을 수 있다. 이는 의사소통에 영향을 미치는 주요한 요인이기도 하다.

의사소통은 일방적인 정보의 전달이 아니며 대화에 참여하고 있는 사람들이 공유할 수 있는 의미와 이해를 만들어 내기 위해 상호 노력하는 과정이다. 의사소통을 통해 우리는 상대가 나와 다름을 알 수 있다. 그리고 서로 다른 견해를 확인함으로써 이해의 지평을 넓힐 수 있다. 이 과정에서 오고가는 내용도 중요하지만 의사소통에 참여하는 사람이 가진 문화적 배경에 따라 표현과 그 의미는 달라질 수 있다.

서로 다른 문화적 배경을 가진 사람들 간의 의사소통을 이문화 커뮤니케이션이라고 한다. 이문화 커뮤니케이션이란 서로 다른 문화권의 사람들이 간의 의사소통을 말하며, 언어적 표현과 비언어적 표현의 이해라는 일반적인 의사소통의 의미와 함께 문화 간 상호교류하는 의사소통이라는 의미가 포함되어 있다. 여기에는 문화

간의 차이와 다름을 인정하고 상호존중하려는 태도가 전제되어 있다. 예전에는 이문화 커뮤니케이션은 다른 나라 사람들과의 사이에서 이루어진다고 생각하였지만 오늘날 한 국가 안에서도 다양한 인종, 민족, 국적을 지닌 사람들이 공존하면서 함께 더불어 살기 위해 이문화 커뮤니케이션의 중요성은 더욱 강조되고 있다.

이문화 커뮤니케이션 역시 언어적 표현과 비언어적 표현으로 이루어진다. 언어적 커뮤니케이션은 의사를 전달할 때 직접적으로 이용되는 것으로 이는 외국어 사용능력과 직결된다. 그러나 국제관계에서는 이러한 언어적 표현 외에 비언어적 표현 때문에 여러 가지 문제를 겪는 경우가 많다. 즉, 아무리 외국어를 유창하게 하는 사람이라고 하더라도 문화적 배경을 잘 모르면 언어에 내포된 의미를 잘못 해석하거나 수용하지 않을 수도 있다.

또한, 대접을 잘 하겠다고 한 행동이 오히려 모욕감이나 당혹감을 주는 행동으로 비춰질 수도 있다. 따라서 국제 사회에서 성공적인 업무 성과를 내기 위해서는 외국어활용능력을 키우는 것뿐만 아니라 상대국의 문화적 배경에 입각한 생활양식, 행동규범, 가치관 등을 사전에 이해하기 위한 노력을 지속적으로 기울여야 한다.

이문화 커뮤니케이션 = 언어적 커뮤니케이션 + 비언어적 커뮤니케이션

2) 이문화 커뮤니케이션의 방법

(1) 이문화 이해의 태도

세계화시대가 도래함에 따라 직업인들은 다른 나라 사람과 함께 일할 기회가 증가되었지만, 다른 나라의 문화를 잘 이해하지 못하면 종종 심각한 결과에 이르는 경우가 있다. 이러한 실수를 막기 위해서는 먼저 다양한 문화에 호의적인 태도를 가져야 한다. 우리나라 문화와 다르다고 해서 나쁘거나 저급한 문화로 여기는 태도는 올바르지 않으며 그 나라 고유의 문화를 인정할 수 있어야 한다. 그리고 해

야 할 일과 하지 말아야 할 일, 해도 되는 일과 해서는 안 되는 일을 구별하기 위한 노력을 기울여야 한다. 그러나 모든 나라에 공통적으로 적용되는 기준은 없으며, 문화란 글로써 설명할 수 없는 부분도 많이 있기 때문에 외국문화를 완벽하게 이해하기란 어려운 일이며, 장시간 동안 많은 분야에 걸친 폭넓은 지식이 필요하다.

(2) 이문화 학습과 체험 노력

최근 우리기업들도 글로벌 경제체제에서 경쟁하기 위해 해외 거점을 설립하거나 현지법인을 설립하고 있다. 초기에는 본사에서 주재원을 파견하여 운영하는 시스템을 구축하였으나 최근에는 현지 파트너와 사업을 추진하고 현지 인재와 협력을 통해 사업을 진행하는 현지화 전략을 펼치고 있다. 본사에서 파견하는 직원의 경우에도 배치 전 사전교육을 통해 비즈니스 매너, 어학, 현지 문화 등을 체계적으로 교육하고 있다. 파견을 나가는 해당 국가에서 공부하거나 거주한 경험이 있는 사람을 선발하여 육성하는 장기적인 방안과 함께 현지 교포와 유학생 출신을 채용하기도 한다. 이는 직무와 관련된 역량 이외에 해당 국가에 대한 문화적 이해와 적응능력이 중요하다는 판단에서다.

외국계 회사나 해외취업을 염두에 두고 관련 국가의 언어와 문화를 미리 경험하고 준비하는 것이 필요하다. 국내 기업의 경우라도 해외 주재원 파견을 나가거나 업무상 출장이 빈번한 직종이 있다. 요즘은 우리나라 기업에 입사하는 해외청년들도 많다. 부서의 특성상 외국인이나 교포출신들과 함께 근무하는 경우도 흔하다. 그러므로 대학재학시절부터 다양한 문화를 경험하고 시야를 넓히는 것을 권한다.

다음은 대학생 시기에 활용할 수 있는 제도들이다. 자신이 재학하고 있는 학교마다 유사한 프로그램을 운영하고 있으며 국가 차원에서 진행하는 프로그램도 적극 활용하자.

■ 대학생 이문화 경험 활동 예

- 외국인 유학생 지원활동
- 교환 학생
- 복수 학위제
- 해외 봉사
- 해외 인턴십
- 워킹홀리데이

사례 연구 I

디즈니랜드에서 금지된 '검지 척'

세계 주요 도시의 디즈니랜드 직원들은 세세한 행동지침을 따른다. 특히 손님 앞에서 얼굴 찌푸리는 행위 등을 금하기 때문에 항상 밝게 미소지어야 한다. 한편 이 지침 중에 "한 손가락으로 가리키지 말 것, 무언가를 가리킬 땐 꼭 두 손가락을 사용할 것"이라는 항목이 눈에 띈다.

〈데일리미러〉에 따르면 이와 같은 직원 대상 권고는 디즈니랜드에 각국 관광객이 찾아오기 때문에 문화 차이에서 비롯될 수 있는 오해를 미연에 방지하기 위함이다. 놀이동산 측 주장에 따르면 한 손가락으로 가리키는 것이 삿대질이나 손가락질 등 무례한 행동으로 비쳐질 수 있다. 따라서 반드시 두 손가락을 사용하도록 지도하고 있다는 설명이다.

출처: 헤럴드경제(2017.11.21).
http://khnews.kheraldm.com/view.php?ud=20171121000661&md=20171124003425_BL&kr=1

위의 사례에 대한 다음 질문에 대하여 각자의 생각을 정리하고, 자신의 의견을 팀원들과 공유하시오.

❶ 디즈니랜드에서 금지한 '검지 척'이 나라마다 어떤 의미로 사용되는지 찾아보시오.
❷ 우리나라에서는 좋은 뜻이지만 다른 나라에서는 부정적인 비언어적 표현을 찾아보시오.
❸ 이문화 체험 경험이 있다면 팀원들과 공유하시오.

02 글로벌 시대의 국제매너

1) 매너의 개념과 중요성

매너란 무엇일까? 비슷한 의미로 에티켓, 예절 등 다양한 용어들이 혼용되고 있다. 매너, 에티켓, 예절 모두 일상에서의 예의범절과 관련된 말이다. 이 단어들의 사전적 의미와 어원을 통해 매너의 의미에 대해 알아보자.

■ 매너

매너(manner)는 라틴어의 마누아리우스(manuarius)에서 파생된 것으로 손을 뜻하는 마누스(manus)와 방법이나 방식을 뜻하는 아리우스(arius)의 합성어이다. 마누스는 사람의 행동이나 습관의 의미로 발전되었으며 아리우스는 행동방식의 의미로 발전되었다. 매너의 사전적 의미를 살펴보면 행동하는 방식이나 자세 또는 일상생활에서의 예의와 절차로 설명된다.

■ 에티켓

에티켓은 고대 프랑스어의 동사 estiquer(붙이다)에서 유래한 말로 '나무 말뚝에 붙인 표지'의 뜻에서 표찰(標札)을 의미한다. 상대방의 신분에 따라 달라지는 편지 형식이라는 말에서 궁중의 각종 예법을 가리키는 말로 변화하였다. 전자와 관련하여 루이 14세 때 베르사유궁전에서 용변을 보는 곳을 안내하는 표지판에서 에티켓이 유래하였다는 설이 있다. 당시 베르사유궁전에서는 날마다 연회가 열렸는데 화장실이 없어 방문객들이 건물 구석이나 정원의 풀숲 또는 나무 밑에 용변을 보았다고 한다. 그러자 궁전의 정원 관리인이 정원을 보호하기 위하여 용변을 보러가는 통로를 안내하는 표지판을 세웠고, 루이 14세가 이를 따르도록 명령함으로써 이를 지키는 것이 '예의를 지킨다'는 뜻으로 확대되었다는 것이다.

■ 예절

예절은 예의에 관한 절차와 질서를 의미한다. 인간관계에 있어 사회적 지위에 따라 행동을 규제하는 규칙과 관습의 체계로 예절의 형식은 생활방식 · 사고방식 · 사회풍조에 따라 다르다. 법에 의해서 강제되는 행동규칙과 집단에 의해 강제되는 행동규범이 아니므로 예절은 강제되지는 않으나 어길 경우 다른 구성원들로부터 소외당하게 된다.

이상의 내용을 종합해 보면 매너는 기본적으로 타인과 더불어 생활하기 위해 일상에서 요구되는 행동방식으로 타인에 대한 배려와 존중을 바탕으로 한다. 학교에서는 학생으로서 기대되는 행동방식이 있고, 가정에서는 자녀로서, 형제로서 요구되는 행동방식이 있다. 직장생활을 시작한다면 조직의 구성원으로서 함께 일하고 생활하는 데 필요한 행동방식이 직장매너가 필요할 것이다.

최근에는 국제이동이 활발해지면서 외국인을 만나거나 다른 문화권 사람들과 접촉이 빈번해지고 있다. 우리나라로 교환학생이나 유학을 온 외국인 학생들도 수업에서 만날 수 있으며, 각종 공연이나 행사장에서도 외국인을 만날 수 있다. 어학연수와 교환학생을 가는 우리나라 학생들도 많아졌고 휴가를 외국으로 가는 사람들도 많아졌다. 이러한 사회적 변화 속에서 우리와는 다른 문화적 배경을 가진 사람들과 소통하고 어울리는 데 필요한 글로벌 매너의 중요성이 강조되고 있다.

2) 국제매너

국제매너는 세계 어느 곳에서나 통용되는 공통의 예절을 지키는 것이다. 우리나라의 경제성장과 함께 한국인의 국제적 위상은 높아졌지만 그에 어울리는 격식을 갖추고 있는지는 생각해 볼 문제다. 요즘은 휴가철이면 해외여행을 가는 비율이 증가하였다. 그러나 일부 관광객들의 몰상식한 행동으로 한국과 한국인의 이미지가 크게 실추되고 있는 것 또한 사실이다. 외국의 관광지에 한국어로 된 안내문에는 “한국 사람을 받지 않는다”, “쓰레기를 그냥 버리고 가지 말라”, “낙서하지 말라”

는 문구가 등장하고 있다.

▸ ▸ ▸ 읽을거리

해외여행객이 해마다 늘고 있지만 '어글리 코리안(ugly Korean)'의 행태는 좀처럼 줄어들지 않고 있다. 공항과 비행기는 물론 현지 관광지에서도 한국인이라는 사실이 부끄러울 정도로 얼굴을 찌푸리게 하는 일들이 이어지고 있다. 지난해 말에는 세계 10대 다이빙 명소 중 하나인 태국 팡응아주 시밀란 제도의 바닷속 산호가 한글 낙서로 훼손된 사진이 공개돼 비난을 사기도 했다. 당시 대형 뇌산호에는 '박영숙'이라는 한글 이름이 뚜렷하게 새겨져 있었다. 현지 언론과 주민들은 재발방지 대책을 요구하며 강력히 반발했다.

출처: 서울경제(2017.10.17).
http://www.sedaily.com/NewsView/1OMC8VE9N7

세계화가 확산되면서 유교사상에 입각한 전통적인 예의범절은 약해지고 서구식 문화가 지배하는 시대에 살고 있다. 사고방식과 행동양식이 과거와 많이 달라졌으며 서구 문물에 익숙해졌지만 이에 따른 예절과 매너는 아직 따라가지 못하는 실정이다. 물론 예절의 형태는 국가와 지역의 문화적 차이에 따라 달라질 수 있으며, 또한 시대에 따라 변화한다. 그러나 다른 사람을 존중한다는 그 기본정신은 그대로이다. 세계 어느 나라를 가던, 어느 나라 사람을 만나던 다음 사항이 전제되어야 할 것이다.

- 상대방을 존중한다.
- 시간약속을 지킨다.
- 해당 문화권에서 터부 사항을 지킨다.
- 도움이나 호의에 보답한다.

이 장에서는 국제이동의 기본이 되는 항공기 탑승 시 지켜야 할 매너에 대해 알아보도록 한다. 항공기 객실은 한정된 공간에서 세계 각국의 사람들이 모여 여러 시간을 보내야 한다. 서로 다른 문화적 배경을 지닌 사람들이 자신에게는 익숙하지만 타인에게는 낯선 관습과 행동이 의도하지 않은 불쾌감을 줄 수 있다. 그리고 이것은 개인의 행위로 그치는 것이 아니라 그 나라사람에 대한 부정적인 이미지를 심어주기도 한다. 항공기 탑승과 관련된 매너의 숙지는 글로벌 시대 인재로서 세계로 나아가기 위한 첫 번째 단계이다.

■ 항공기 탑승 매너

- 항공편과 출발시간을 방송하면 항공사 직원의 안내를 따라 표를 제시하고 탑승한다.
- 일등 석, 비즈니스 석, 노약자, 어린이 등이 먼저 탑승하고 이코노미 석이 탑승한다.
- 승무원에세 표를 제시하고 안내를 받는다.
- 좌석에 문제가 있는 경우 승무원에게 도움을 청한다.

■ 기내 매너

- 무거운 짐은 좌석 밑에 넣거나 승무원에게 보관을 부탁한다.
- 이륙과 착륙 시 안전벨트를 반드시 착용하고 승무원의 안내에 따른다.
- 기내 화장실은 남녀공용이며 이착륙할 때는 사용이 금지된다.
- 화장실에서는 절대 금연이며 흡연 시 벌금과 함께 처벌 받는다.

■ 기내 식사 매너

- 승무원이 서비스하는 순서를 기다린다.
- 특이 체질이거나 종교적인 이유로 특별식을 해야 하는 경우 탑승 전 미리 예약한다.
- 기내에서 주류를 섭취할 경우 기압차로 인하여 평소보다 취하게 되므로 주의한다.
- 식사 시 의자 등받이를 세워 뒷좌석의 사람이 불편하지 않도록 한다.

■ 기내에서 하면 안 되는 행동

- 기내에서 양말을 벗거나 양말만 신은 채 돌아다니지 않는다.
- 앞좌석이나 테이블에 발을 걸치지 않는다.
- 일행과 큰 소리로 떠들지 않는다.
- 빈 좌석이 있다고 자리를 마음대로 옮기지 않는다.

사례 연구 2

여행 에티켓 실종… '어글리 코리안' 악평 여전

해마다 해외로 나가는 한국인이 증가하고 있지만, 그에 반해 글로벌 에티켓 및 매너 수준이 여전히 미흡해 보는 이들로 하여금 눈살을 찌푸리게 하고 있다. 근래엔 '워라밸(일과 삶의 균형)' 문화의 확산으로 '호캉스(호텔+바캉스)'를 즐기는 이들이 증가하면서 국내에서조차 한국인들의 에티켓 및 매너에 대한 비난과 자성의 목소리가 높아지고 있다. 한국관광공사가 지난해 한국리서치에 의뢰해 해외여행을 다녀온 경험이 있는 만 18세 이상 남녀 1,000명과 국내 관광업계 종사자 200명 등 총 1,200명을 대상으로 조사한 결과, 한국인의 글로벌 에티켓 수준은 5점 만점에 2.75점으로 여전히 낮은 수준에 머물렀다. 한국인에게 가장 필요한 에티켓 항목으로는 '공공장소/기내/객실 등에서 시끄럽게 떠드는 것'이 가장 많이 꼽혔으며, '방문국의 현지인을 무시하는 행위'가 뒤를 이었다. 한국인에게 여행, 문화생활 등 개인의 삶을 즐기는 행위는 중요시됐다. 그러나 일과 삶의 균형을 맞추는 워라밸을 중시하기 이전에 예절과 매너를 갖추는 에티켓의 성장이 먼저 중시돼야 하지 않을까.

출처: 데일리굿뉴스(2019.03.22).

위의 사례에 대한 다음 질문에 대하여 각자의 생각을 정리하고, 자신의 의견을 팀원들과 공유하시오.

❶ 다른 문화에 대한 우월주의나 사대주의 예를 각각 들어보시오.

❷ 관람문화 중 개선되어야 할 사항을 3가지 제시하시오.

❸ 우리나라 식당이나 호텔 예약문화에서 개선해야 할 점을 3가지 제시하시오.

03 국제비즈니스매너 자기진단

1) 국제비즈니스매너

다른 사람들과 함께 살아가기 위해 예절과 지켜야 할 생활 규범이 있는 것처럼 비즈니스 상황에서도 지켜야 할 격식과 태도가 있다. 비즈니스 매너는 사회적 관계와 직장생활에서 일상적으로 요구되는 관습이나 예절, 에티켓 등을 말한다. 비즈니스매너는 일적인 관계에서 상대방에게 신뢰감을 주고 함께 일하기에 좋은 사람이라는 인식을 심어준다. 이는 개인적인 신뢰와 함께 자신이 속한 조직의 이미지로도 연결된다.

국제비즈니스매너는 기존의 업무를 외국어로 처리하는 것 이상의 의미를 지니고 있다. 여기에는 업무상 일상적인 비즈니스매너뿐만 아니라 상대방 문화에 대한 이해와 존중을 전제로 하고 있다. 즉, 이문화 커뮤니케이션이 전제되어야 한다.

■ 악수

인사를 할 때 악수를 많이 한다. 사람에 따라서 악수를 할 때 친밀감의 표현으로 손을 꽉 잡는 사람도 있고, 예의를 표시하기 위해 손끝만 살짝 잡는 사람도 있다. 그러나 미국에서는 악수할 때에 손끝만 잡는 것을 예의에 어긋나는 것으로 생각한다. 영미권에서 악수는 일어서서, 상대방의 눈이나 얼굴을 보면서, 오른손으로 상대방의 오른손을 잠시 힘주어서 잡았다가 놓아야 한다.

■ 명함교환

업무와 관련해서 사람들을 만나면 명함을 많이 주고받는다. 영미권의 명함은 사교용과 업무용으로 나뉘며, 업무용 명함에는 성명, 직장주소, 직위를 표시한다. 업무용 명함은 악수를 한 이후 교환하며, 아랫사람이나 손님이 먼저 꺼내 오른손으로 상대방에게 주고, 받는 사람은 두 손으로 받는 것이 예의이다. 그리고 받은 명함은 한번 보고나서 탁자 위에 보이게 놓은 채로 대화를 하거나, 명함지갑에 넣는다. 명함을 꾸기거나 계속 만지는 것은 예의에 어긋나는 일이다.

■ 호칭 및 인사

미국에서는 이름이나 호칭을 자신의 마음대로 부르지 않고 어떻게 부를지 먼저 물어보는 것이 예의이며 일본 사람은 절대로 존칭 없이 이름을 부르지 않는다. 인사를 하거나 이야기할 때에 너무 다가가서 말하지 않고 상대방의 개인공간(personal space)을 지켜줘야 한다. 아프리카의 경우는 오히려 상대방과 시선을 마주보며 대화하면 실례이므로 코끝을 보면서 대화하도록 한다. 러시아와 라틴아메리카에서는 포옹을 하는데, 이는 매우 친밀함의 표현이므로 어색해하지 말고 자연스럽게 받아주는 것이 좋다.

■ 시간약속

각 문화권에 따라서 시간에 대한 관념이 다르다. 미국인은 시간을 돈과 같이 생각해서 시간엄수를 매우 중요하게 생각하여 시간을 지키지 않는 사람과는 같이 일을 하려고 하지 않는다. 반면, 라틴아메리카나 동부 유럽, 아랍지역에서는 약속된 시간 정각에 나오는 법이 없다. 시간 약속은 형식적일 뿐이며, 상대방이 기다려줄 것으로 생각한다. 따라서 이 지역 사람들과 일을 같이 할 때에는 인내를 가지고 예의바르게 기다려주는 것이 필요하다.

■ 집으로 식사 초대받은 경우

외국 사람의 경우 업무로 만나는 사람을 집으로 잘 초대하지 않는다. 만약 집으로 초대했다면 상대에게 굉장한 호의를 가지고 있다는 표현이다. 초대한 사람이 여럿이라면 모두 모이기를 기다렸다 함께 식사를 시작한다. 보통 안주인이 먼저 시작한 뒤에 식사를 하도록 한다. 식사 중 흡연은 여주인에 대한 모욕으로 간주되니 금하도록 한다.

■ 식당에서 만나는 경우

식당에 도착하면 테이블에 안내해 줄 때까지 입구에서 기다린다. 웨이터가 음식을 가져오면 "Thank you"라고 하거나 가벼운 목례를 한다. 웨이터의 서비스를 받을 때는 대화를 일단 중지하는 것이 예의이며 서비스하는 도중에 질문하지 말고 끝난 후에 한다. 양복 상의는 상사나 주빈이 벗기 전에 벗지 않으며 자리를 떠날 때는 벗어놓은 재킷을 다시 입고 나가는 것이 예의다.

■ 식사 시 주의사항

서양요리에서 스프는 소리 내며 먹지 않는다. 숟가락은 몸쪽에서 바깥쪽 방향으로 사용한다. 너무 뜨겁다면 숟가락으로 저어서 식히고 입으로 후후 불지 않도록 한다. 빵은 수프를 먹고 난 후부터 먹으며 디저트 직전 식사가 끝날 때까지 먹을 수 있다. 빵은 칼로 자르지 않고 손으로 떼어 먹는다. 생선요리는 뒤집어 먹지 않고, 스테이크는 처음에 다 잘라놓지 않고 잘라가면서 먹는 것이 좋다.

■ 국제회의

회의 중간에 자리를 뜨거나 들락날락하지 하지 않는다. 장시간 진행하는 회의의 경우 커피와 다과를 비치하고 브레이크 타임을 둔다. 회의 중간에 한국인끼리 한국어로 이야기하는 것은 무언가 공유하지 않으려는 의미로 해석되므로 하지 않는다. 그리고 회의사진 촬영이나 녹화 및 녹음은 반드시 사전 양해를 구하고 해야 한다.

■ 공항마중

오는 손님과 같은 직위에 있는 사람이나 바로 그 아래 직급이 마중을 나간다. 보통의 경우 아래 직급이 마중을 나간다. 회사 사정상 마중을 나가지 못하는 경우 공항에서 호텔로 가는 교통편, 호텔 주소와 전화번호, 그리고 자신의 연락처를 미리 안내한다. 손님이 잘 도착했는지 확인하고 도착 당일의 경우 피곤할 수 있으므로 무리하지 않도록 업무 일정을 조정한다.

2) 자기진단

국제비즈니스 중에 이루어지는 인사하는 법, 시간약속 지키기, 식사예절 등에 대해 다음 예시에서 틀린 부분을 수정해보자. 틀린 부분이 여러 개인 경우 모두 고치고, 없는 경우 수정사항에 '없음'이라고 적는다.

예 시	수정사항
오늘은 미국 바이어를 만나 상담을 했다. 처음 만나는 날이라 긴장이 되었다. 나는 만나자마자 내 소개를 위해 명함을 내밀었는데 그는 반갑게 악수를 청했다. 긴장해서인지 손에 땀이 조금 났기 때문에 눈을 마주치면서 예의상 손끝만 살짝 잡았다. 악수를 한 후, 그가 명함을 주었다. 명함에서 이름을 확인한 후 명함지갑에 넣었다.	
회사를 대표로 이라크에 출장을 나오게 되었다. 상대편 회사 담당직원과 오후 1시에 대사관 앞에서 만나기로 했으나 아직까지 깜깜 무소식이다. 시계를 보니 오후 2시가 다되어 간다. 약속이 잘못된 것인가? 슬슬 기다리는 게 지루해지고 화가 나기 시작한다. 오늘은 그냥 들어가고 다시 연락을 취해야겠다.	
오늘은 협력업체에 다니는 영국인으로부터 저녁식사 초대를 받았다. 멋지게 정장을 차려입고 집을 방문하였다. 오늘의 식사는 비프스테이크. 먼저 스프가 나왔다. 내가 좋아하는 양송이크림스프라 식기도 전에 입으로 불어가면서 먹었다. 주요리인 비프스테이크가 나와서 입에 넣기 알맞게 모두 자른 후 먹기 시작했다. 주요리가 끝나고 디저트가 나왔다. 배가 너무 고팠던 것일까? 아직까지 배가 다 차지 않아서 빵을 조금 잘라 먹었다.	

사례 연구 3

악수 매너를 보면 인격이 보인다

최고경영자(CEO) 및 임원 대상 글로벌 비즈니스매너 교육을 할 때 가장 강조하는 내용 중 하나가 바로 '악수 매너'다. 악수 태도가 바로 인격의 바로미터이기 때문이다. 조직을 대표하는 CEO의 악수가 중요한 이유이다.

한 국가를 대표하는 대통령의 악수는 바로 그 국가의 인격이자 국가 브랜드가 된다고 해도 과언이 아니다. 그런데 최근 여러 정상회담에서 미국의 도널드 트럼프 대통령이 보여준 비정상적인 악수가 화제다. 지난 2월에는 19초 동안이나 손을 강하게 잡는 비정상적으로 긴 악수로 아베 신조 일본 총리를 당황시켰다. 이어 3월에는 앙겔라 메르켈 독일 총리와의 회담에서 악수를 청해 받고도 못들은 척 무시하면서 비정상적으로 악수를 의도적으로 피했다. 트럼프 대통령은 또 메이 영국 총리와 악수를 할 때 손등을 토닥이며 상급자나 연장자가 하급자나 연하자에게 할 법한 악수를 해서 도마 위에 올랐다.

이런 비정상적인 트럼프식 결례 악수에 시원하게 응수한 경우도 있다. 캐나다 트뤼도 총리의 경우 강한 힘으로 자신 쪽으로 당겨 제압을 하는 트럼프식 악수를 사전에 연구한 듯, 표정은 부드러움을 유지하면서도 왼손은 재빠르게 트럼프의 오른쪽 팔을 힘으로 제압하는 제스처가 인상적이었다. 트뤼도 총리보다 더 강하게 트럼프식 비정상 악수를 맞대응한 경우는 바로 프랑스 마크롱 대통령의 악수로 트럼프의 손이 하얗게 될 정도로 세차게 잡고 트럼프가 한동안 손을 빼지 못하도록 하면서 팽팽한 기싸움이 느껴졌다. 뿐만 아니라 여러 정상들 속에 있는 트럼프를 보고 걸어가면서 가장 먼저 트럼프에게 악수를 청하는 척 하다가 돌아서서 메르켈 총리와 먼저 악수를 하면서 트럼프 대통령을 공개적으로 외면하는 느낌을 주기도 했다.

악수는 단순한 인사가 아니다. 악수하는 태도 하나에도 세계 정상들의 수많은 외교적 메시지가 담겨 있기 때문에 고차원적인 전략과 사전준비가 필수다. 마크롱 대통령은 팽팽하게 맞선 악수를 통해 미국에게 프랑스가 절대 만만한 상대가 아님을 보여주려고 했다.

지금은 얼마 남지 않은 한미정상회담을 앞두고 우리 정부가 한 차원 높은 악수전략을 세우지 않으며 안 되는 시기다. 비정상적인 악수를 일삼는 트럼프식 악수를 어떻게 맞대응할지, 그리고 사드 배치 문제나 한미 자유무역협정 같은 무거운 의제의 시작일 수 있는 악수에서 우리정부의 의지를 어떤 식으로 표명해야 할지, 스마트한 전술과 전략이 요구되는 시점이다.

악수는 실질적인 한미정상회담의 첫 단추이기 때문이다.

출처: 한국경제신문(2017.6.19). 「박영실의 글로벌매너」 중.
http://news.hankyung.com/article/2017061953667

위의 사례에 대한 다음 질문에 대하여 각자의 생각을 정리하고, 자신의 의견을 팀원들과 공유하시오.

❶ 트럼프 미국 대통령의 악수 전략은 무엇이라고 생각하는가?

❷ 트럼프 미국 대통령이 각국의 정상들과 악수를 통해 얻은 성과는 무엇이라고 생각하는가?

❸ 한미 정상회담에서 우리나라는 어떤 악수 전략을 세워야 하는가?

학습평가

01 **다음은 이문화 커뮤니케이션에 대한 설명이다. (   ) 안에 각각 들어갈 적절한 용어를 적으시오.**

> 이문화 커뮤니케이션이란 서로 다른 문화권의 사람들이 간의 의사소통을 말하며, 언어적 표현과 비언어적 표현의 이해라는 일반적인 의사소통의 의미와 함께 (   ) 간 상호교류하는 의사소통이라는 의미가 포함되어 있다.

02 **다음 중 비언어적 표현에 대한 설명과 거리가 먼 것은 무엇인가?**

① 문화적 배경에 영향을 받는다.
② 우리나라에서 긍정적 표현이 다른 나라에서는 부정적으로 받아들여 질 수 있다.
③ 언어적 표현이 능숙하면 비언어적 표현 때문에 어려움을 겪지 않는다.
④ 생활양식과 밀접한 관련이 있다.

03 **다음은 이문화 이해에 대한 설명이다. 이와 관련하여 맞으면 ○을, 틀리면 ×를 표시하시오.**

① 다른 문화에 개방적인 태도를 취해야 한다.
② 우리나라 문화를 기준으로 미개한 문화와 우월한 문화로 나눌 수 있다.
③ 자라면서 체화된 방식이 아닌 다른 방식을 느끼게 되면 이질적으로 상대 문화를 대하게 된다.

04 ~을 올바르게 연결하시오.

① 매너 •	• A. 예의에 관한 절차와 질서를 의미
② 에티켓 •	• B. 손을 뜻하는 마누스(manus)와 방법이나 방식을 뜻하는 아리우스(arius)의 합성어에서 파생
③ 예절 •	• C. 프랑스어의 동사 estiquer(붙이다)에서 유래한 말로 '나무 말뚝에 붙인 표지'의 뜻에서 표찰(標札)을 의미

05 국제매너가 중요한 이유를 작성하시오.

학습 내용 요약

1. 이문화 커뮤니케이션이란 서로 다른 문화권의 사람들이 간의 의사소통을 말하며, 언어적 표현과 비언어적 표현의 이해라는 일반적인 의사소통의 의미와 함께 문화 간 상호교류하는 의사소통이라는 의미가 포함되어 있다.
2. 다양한 문화에 개방적이고 호의적인 태도를 지녀야 하며 자국의 문화를 기준으로 다른 문화를 저급하게 평가하는 것은 바람직하지 않다.
3. 매너는 기본적으로 타인과 더불어 생활하기 위해 일상에서 요구되는 행동방식으로 타인에 대한 배려와 존중을 바탕으로 한다.
4. 국제 매너는 세계 어느 곳에서나 통용되는 공통의 예절을 지키는 것으로 한 개인의 이미지뿐만 아니라 국가의 이미지에도 영향을 준다.
5. 국제비즈니스매너는 기존의 업무를 외국어로 처리하는 것 이상의 의미를 지니고 있으며 이문화 커뮤니케이션을 전제로 한다.

Memo

사후평가

체크리스트

직업기초능력으로서 조직이해능력을 학습한 것을 토대로 다음 표를 이용하여 자신의 수준에 해당되는 칸에 ✔표 해보자.

구분	문항	매우 미흡	미흡	보통	우수	매우 우수
조직이해 능력	1. 나는 내가 속한 조직들을 나열할 수 있다.	1	2	3	4	5
	2. 나는 조직이해의 필요성을 설명할 수 있다.	1	2	3	4	5
	3. 나는 내가 속한 조직의 유형을 구분할 수 있다.	1	2	3	4	5
	4. 나는 경영이해능력의 중요성을 설명할 수 있다.	1	2	3	4	5
	5. 나는 경영자의 역할을 구분할 수 있다.	1	2	3	4	5
	6. 나는 체제이해능력의 중요성을 설명할 수 있다.	1	2	3	4	5
	7. 나는 조직체제의 구성요소를 구분할 수 있다.	1	2	3	4	5
	8. 나는 업무이해능력의 중요성을 설명할 수 있다.	1	2	3	4	5
	9. 나는 환경이 조직에 미치는 영향을 설명할 수 있다.	1	2	3	4	5
	10. 나는 국제감각의 중요성을 설명할 수 있다.	1	2	3	4	5
	11. 나는 조직변화 전략을 수립할 수 있다.	1	2	3	4	5
	12. 나는 조직과 나의 관계를 설명할 수 있다.	1	2	3	4	5
경영이해 능력	1. 나는 내가 속한 조직의 경영 구성요소별 특징을 설명할 수 있다.	1	2	3	4	5
	2. 나는 내가 속한 조직의 경영 과정을 설명할 수 있다.	1	2	3	4	5
	3. 나는 내가 속한 조직의 의사결정 과정을 설명할 수 있다.	1	2	3	4	5
	4. 나는 효과적으로 집단의사결정에 참여할 수 있다.	1	2	3	4	5
	5. 나는 내가 속한 조직의 경영전략을 설명할 수 있다.	1	2	3	4	5
	6. 나는 경영전략 추진과정을 설명할 수 있다.	1	2	3	4	5
	7. 나는 경영전략 유형을 구분할 수 있다.	1	2	3	4	5
	8. 나는 경영참가제도의 유형을 구분할 수 있다.	1	2	3	4	5

구분	문항	매우 미흡	미흡	보통	우수	매우 우수
조직체제 이해능력	1. 나는 내가 속한 조직의 목표를 설명할 수 있다.	1	2	3	4	5
	2. 나는 다양한 조직목표를 분류할 수 있다.	1	2	3	4	5
	3. 나는 전체 조직구조에서 나의 위치를 확인할 수 있다.	1	2	3	4	5
	4. 나는 내가 속한 조직구조의 특징을 설명할 수 있다.	1	2	3	4	5
	5. 나는 조직문화의 기능을 설명할 수 있다.	1	2	3	4	5
	6. 나는 내가 속한 조직문화유형의 특징을 설명할 수 있다.	1	2	3	4	5
	7. 나는 내가 속한 집단의 특징을 설명할 수 있다.	1	2	3	4	5
	8. 나는 내가 속한 집단과 다른 집단 간의 관계를 설명할 수 있다.	1	2	3	4	5
업무이해 능력	1. 나는 내가 속한 조직의 업무를 분류할 수 있다.	1	2	3	4	5
	2. 나는 주어진 업무의 특성을 설명할 수 있다.	1	2	3	4	5
	3. 나는 조직의 업무지침을 설명할 수 있다.	1	2	3	4	5
	4. 나는 주어진 업무를 수행하는데 활용할 수 있는 자원을 설명할 수 있다.	1	2	3	4	5
	5. 나는 업무수행 시트를 작성할 수 있다.	1	2	3	4	5
	6. 나는 나의 업무수행의 방해요소를 나열할 수 있다.	1	2	3	4	5
	7. 나는 조직 내 갈등을 효과적으로 관리할 수 있다.	1	2	3	4	5
	8. 나는 업무스트레스를 효과적으로 관리할 수 있다.	1	2	3	4	5
국제감각 능력	1. 나는 직장생활에서 국제적 식견과 능력이 필요한 이유를 설명할 수 있다.	1	2	3	4	5
	2. 나는 다른 나라 고유의 문화를 인정할 수 있다.	1	2	3	4	5
	3. 나는 이문화 커뮤니케이션의 종류를 구분할 수 있다.	1	2	3	4	5
	4. 나는 국제동향을 파악하는 방법을 설명할 수 있다.	1	2	3	4	5
	5. 나는 전공과 관련된 국제적인 법규와 규정의 중요성을 설명할 수 있다.	1	2	3	4	5
	6. 나는 전공과 관련된 국제동향을 파악할 수 있다.	1	2	3	4	5
	7. 나는 외국인의 문화를 고려하여 적절히 인사할 수 있다.	1	2	3	4	5
	8. 나는 외국인의 문화를 고려하여 식사예절을 갖출 수 있다.	1	2	3	4	5

평가 방법

체크리스트의 문항별로 자신이 체크한 결과를 아래 표에 기록하여 평균을 적어 보자.

학습모듈	점수	총점	평균(총점 / 문항 수)	교재(장)
조직이해 능력	1점 × (　　)개		총점 / 12 = (　)	1, 2장
	2점 × (　　)개			
	3점 × (　　)개			
	4점 × (　　)개			
	5점 × (　　)개			
경영이해 능력	1점 × (　　)개		총점 / 8= (　)	3, 4, 5장
	2점 × (　　)개			
	3점 × (　　)개			
	4점 × (　　)개			
	5점 × (　　)개			
조직체제이해 능력	1점 × (　　)개		총점 / 8= (　)	6, 7, 8장
	2점 × (　　)개			
	3점 × (　　)개			
	4점 × (　　)개			
	5점 × (　　)개			
업무이해 능력	1점 × (　　)개		총점 / 8= (　)	9, 10장
	2점 × (　　)개			
	3점 × (　　)개			
	4점 × (　　)개			
	5점 × (　　)개			
국제감각 능력	1점 × (　　)개		총점 / 8= (　)	11, 12장
	2점 × (　　)개			
	3점 × (　　)개			
	4점 × (　　)개			
	5점 × (　　)개			

평가 결과

평가수준이 '부족'인 학습자는 해당 학습모듈의 교재 장(Chapter)을 참조하여 다시 학습하십시오.

모듈별 평균 점수
3점 이상 : 우수
3점 미만 : 부족

출처: 국가직무능력표준(www.ncs.go.kr)

참고문헌

강동묵 외(2016). 직무스트레스의 현대적 이해. 고려의학.

금진호(2017). 창업과 경영. 양성원.

김두열(2014). 갈등관리 알고 보면 쉽게 풀 수 있다. 공동체.

김세웅 · 강명옥(2007). 글로벌 시대의 이해와 국제 매너. 피스북.

김인수(2002). 거시조직이론. 무역경영사.

김종민(2014). 조직구조변화 및 시사점. 삼성경제연구소 SERI보고서.

나카지마 다카시(2013). 명품 사원 심플. 이콘.

맥신 돌턴 외, 차동욱 등 옮김(2004). 글로벌 리더십. 위즈덤아카데미.

박태현(2013). 팀으로 일하라. 시그마북스.

선종욱 외(2010). 직무스트레스 개론. 이담북스.

성현선 · 정지선(2012). 국제비즈니스 매너: 이문화 커뮤니케이션. 새로미.

손일락 · 이채안 · 홍미선(2006). 국제매너의 이해. 한올출판사.

손일락(2010). 굿매너 굿라이프. 새창미디어. 11.

신군재(2013). 갈등관리와 협상. 무역경영사.

심윤정 · 고샛별 · 최욱희 · 이수명(2016). 서비스 마인드와 글로벌 매너. 양성원.

안진환 · 장세현 역(2011). 온워드. 8.0(에이트포인트).

안철수(2004). CEO안철수 지금 우리에게 필요한 것은. 김영사.

윤세한(2011). 조직구조모형. 삼성경제연구소 SERI보고서.

이가아(2004). 알고 떠나는 해외여행. 김영사.

이동진(2014). 어떻게 결정할 것인가. 미래의 창.

이미정(2014). 의사소통 심화 과정으로서의 토론 수업 방안 연구: 전문대학 교양국어를 중심으로. 교양교육연구 제8권 6호, 559~583.

이재희 · 임영수 · 김미선 · 박연희 · 김경진 공저(2016). NCS 직업기초능력 의사소통능력. 양성원.

이재희 외(2016). 대인관계능력. 양성원.

이재희(2016). 리더십 프레임. 한올.

장영광(2016). 생활속의 경영학. 신영사.

조국현(2011). 워크스마트 실천전략 연구. 삼성경제연구소.
한만용(2010). 조직구조의설계. 삼성경제연구소 SERI보고서.
허현수(2016). 조직이해능력. 박문각.

동아일보(2017.2.21). 지능정보화사회와 대학의 역할.
동아일보(2017.7.26). 직장인 대다수가 겪는 갈등의 원인 1위는.
동아일보(2017.7.26). 해외취업, 지여인도 OK… 전공 · 특기 맞춰 국가 · 직종 찾아라.
동아일보(2017.8.5). 10대 꿈 공무원인 한국. 흥미없다.
동아일보(2017.9.13). “암환자 뷰티관리사… 세상에 없던 직업 청년들이 만들었죠”.
동아일보(2017.9.4). 작가의 일과.
두산백과, http://terms.naver.com/entry.nhn?docId=1179236&cid=200000000&categoryId=200000069
서울경제(2017.10.17). 태국 바다 속 산호에 한글로 낙서.
세계일보(2017.11.15). 국내 외국인주민 총인구 대비 3.4%.
조선일보(2017.11.21). ‘IMF 충격파’ 20년… 30대 그룹 중 11곳만 잔류.
한국경제신문(2017.6.19). 「박영실의 글로벌매너」.
한국산업인력공단, 조직이해능력 교수자용 워크북.
한국일보(2017.6.15). 직장인 업무 골든타임은 오전 10시.
헤럴드 경제(2017.11.21). 디즈니랜드에서 금지된 ‘검지 척’.

The Future of Jobs: Employment, Skills and Workforce Strategy for the Forth Industrial Revolution(2016), World Economic Forum.

찾아보기

정답 및 해설

1 장

01 **정답** | 인간
해설 | 인간의 삶을 결정하는 세 가지 요인은 시간과 공간, 인간이다.

02 **정답** | ②
해설 | 조직이해능력은 경영이해능력, 체제이해능력, 업무이해능력, 그리고 국제감각의 네 가지 하위능력으로 구성된다.

03 **정답** | ① × ② ○ ③ ○
해설 | 2011년 독일 미래전략의 10대 핵심 프로젝트 중의 하나로 제4차 산업혁명이라는 용어가 처음 제기되었다.

04 **정답** | ①－C ②－A ③－B
해설 | 제1차 산업혁명은 18세기, 제2차 산업혁명은 19~20세기 초반, 제3차 산업혁명은 20세기 후반에 일어났다.

05 **정답** | 고객지향성, 수평조직화, 네트워킹과 협업, 유연성 확대, 학습지향성
해설 | 정답의 다섯 가지 전략을 중심으로 제1장의 본문 내용을 정리하여 제시한다. 학습내용에는 없지만 개인의 아이디어를 구체적으로 제시하면 더욱 좋다.

2 장

01 **정답** | 공동목적
해설 | 조직은 공동목적을 달성하기 위해 두 사람 이상이 모여 상호작용하는 집단이다.

02 **정답** | ① 지식 · 기술 · 경험 ② 연봉 · 성과급 · 인정 · 칭찬 · 만족감
해설 | 개인은 조직에 필요한 지식 · 기술 · 경험을 제공한다. 개인이 업무성과를 통해 조직에 공헌을 하게 되면, 조직은 연봉 · 성과급 · 인정 · 칭찬 · 만족감 등의 보상을 제공한다.

03 **정답** | ④

해설 | 조직은 일반적으로 재화나 서비스의 생산이라는 경제적 기능과 조직구성원들에게 소속감과 만족감을 충족시키는 사회적 기능, 그리고 도전과 성취감을 주는 정신적 기능을 갖는다. 보상은 조직이 개인의 공헌에 대해 제공하는 것이다.

04 **정답** | ① × ② ○ ③ ○

해설 | 조직은 비공식조직으로부터 공식화가 진행되어 공식조직으로 발전해 왔다.

05 **정답** | ① – A ② – C ③ – B

해설 | 직위의 수는 구성원의 수와 동일하다. 연공중심의 인사관리 체계에서 직급은 1급, 2급, 3급, 4급, 5급으로 서열화되어 있다. 직책은 담당업무에 대한 결재권과 인사권이 부여되고 대표이사, 부문장, 본부장, 팀장, 파트장 등이 해당된다.

06 **정답** | 직업의 이중적 의미와 세 가지 조건을 중심으로 설명한다.

해설 | 직업은 '사회적 책무'이면서 동시에 '생계유지를 위한 노동행위'라는 이중적 의미를 포함한다. 또한, 직업으로 인정받기 위해서는 경제성, 계속성, 윤리성과 사회성 등의 세 가지 조건을 충족해야 한다. 이런 내용을 중심으로 설명하고, 프로직업인의 모습을 부가적으로 서술하면 더욱 좋다.

3 장

01 **정답** | (A) – 전략 (B) – 일반경영

해설 | 경영이란 조직의 목적을 달성하기 위한 전략, 관리, 운영활동이다. 조직경영에는 특정 조직에게 적합한 특수경영과 조직의 특성에 관계없이 적용할 수 있는 일반경영이 있다.

02 **정답** | ③

해설 | 경영의 과정은 계획, 실행, 평가로 구분되며, 경영의 계획 단계에서 조직의 미래상 결정, 대안분석, 실행방안을 선정한다. 실행 단계에서는 계획 단계에서 수립된 실행방안에 따라 조직목적 달성을 위한 관리활동이 이루어진다.

03 **정답** | 인적자원

해설 | 경영의 구성요소는 일반적으로 경영목적, 인적자원, 자금, 전략의 4요소로 구분된다. 이 중 인적자원은 조직에서 일하고 있는 구성원들이 어떤 역량을 가지고 어떻게 직무를 수행하는가와 관련된다.

04 **정답** | ① – B ② – A ③ – C

05 **정답** | 항상 환경변화에 도전하여 새로운 사업기회를 적극 모색하여야 하며, 자신의 모든 것을 투자하고 희생시킬 수 있는 투철한 정신

4장

01 **정답** | 환경분석

해설 | 경영전략을 추진하는 과정은 전략목표를 설정한 다음에 내부 · 외부 환경을 분석하는 과정을 거쳐야 한다. 이때에는 대표적으로 SWOT 분석기법을 활용할 수 있다.

02 **정답** | 조직전략, 사업전략, 부문전략

해설 | 조직의 전략은 위계적 수준을 가지고 있다. 조직전략은 가장 상위단계의 전략으로 조직의 사명을 결정하며, 사업전략은 사업수준에서 경쟁적 우위를 점하기 위한 전략으로, 부문전략은 기능부서별로 사업전략을 구체화한 것이다.

03 **정답** | A – 장점 B – 약점 C – 기회 D – 위협

해설 | 조직의 환경을 분석하는데 이용되는 SWOT 분석은 조직 내부 환경으로는 조직이 우위를 점할 수 있는 장점(Strength), 조직의 효과적인 성과를 방해하는 자원, 기술, 능력 면에서의 약점(Weakness), 조직의 외부 환경으로 조직 활동에 이점을 주는 기회요인(Opportunity), 조직 활동에 불이익을 미치는 위협요인(Threat)으로 구분된다.

04 **정답** | ① – B ② – A ③ – C

해설 | 차별화 전략은 조직이 생산품이나 서비스를 차별화하여 고객에게 가치 있고 독특하게 인식되도록 하는 전략이며, 원가우위 전략은 원가절감을 통해 해당 산업에서 우위를 점하는 전략으로 이를 위해 대량생산을 통해 단위원가를 낮추거나 새로운 생산기술을 개발한다. 집중화 전략은 특정 시장이나 고객에게 한정하여 특정 산업을 대상으로 하는 전략이다.

05 **정답** | 조직이 나아가야 할 방향을 정하는 첫 번째 일로서 조직의 사명을 결정하는 것이다. 조직의 미션이란 조직이 존재하는 목적이나 이유, 존재근거 또는 사명이나 임무를 말한다.

5장

01 **정답** | ③

해설 | 조직 내 의사결정의 과정은 대부분의 경우 조직에서 이루어진 기존 해결방법 중에서 새로운 문제의 해결방법을 탐색하는 과정이 있다. 이는 문제를 확인하고 난 후 개발단계 중 구체적인 설계가 이루어지기 전 탐색단계에서 이루어지게 된다.

02 **정답** | 합리적 유형, 직관적 유형, 의존적 유형

03 **정답** | ① – C ② – A ③ – B

04 **정답** | ① 비판엄금–다른 사람이 아이디어를 제시할 때에는 비판하지 않는다.
② 자유발상–문제에 대한 제안은 자유롭게 이루어질 수 있다.
③ 다다익선–아이디어는 많이 나올수록 좋다.
④ 편승활용–모든 아이디어들이 제안되고 나면 이를 결합하고 해결책을 마련한다.

6장

01 해설 | 직업인은 조직의 구성원으로서 조직의 목적에 합목적적으로 업무를 수행하기 위해서는 조직을 이해할 수 있어야 한다. 또한 조직을 이해하기 위해서는 조직체제를 구성하는 다양한 요소를 모두 고려해야 한다.

02 정답 | ① ○ ② ○
해설 | 조직목표는 조직이 달성하려는 장래의 상태이며, 조직의 규칙과 규정은 구성원들의 행동범위를 정하고 일관성을 부여하는 역할을 한다.

03 해설 | 조직 전체를 생각하여 내가 속한 조직에서의 두 가지 측면을 검토해 본다.
조직 전체가 일관성 있는 목표를 갖고 있으며, 공동의 목표를 향해 가는 방향을 검토해본다.

04 해설 | 내가 속한 조직 전체를 생각하며 조직의 목표와 비전 조직의 구조와 규칙을 나열해본다.

05 해설 | 조직에서 공동의 목표를 이행하고 있는 자신을 돌아보며 개인 목표를 점검해본다. 현재 그리고 향후 10년 그 이상의 목표를 작성하며 로드맵을 통하여 자신을 설계하여 본다.

7장

01 해설 | 직업인은 조직의 구성원으로서 조직의 목적에 합목적적으로 업무를 수행하기 위해서는 조직을 이해할 수 있어야 한다. 조직을 이해하기 위해서는 조직체제를 구성하는 다양한 요소를 모두 고려해야 한다.

02 정답 | ① × ② ×
해설 | 조직목표는 조직이 달성하려는 장래의 상태이며, 조직의 구조는 조직 내의 부문 사이에 형성된 관계로 조직구성원들의 상호작용을 보여준다. 조직구성원들 간 생활양식이나 가치를 공유하게 되는 것은 조직문화로 조직구조와 구분된다. 조직도는 조직의 내적인 구조를 보여주는 데 한계가 있지만 조직구성원들의 임무, 수행과업, 일하는 장소를 알아보는 데에는 유용하다. 조직의 규칙과 규정은 구성원들의 행동범위를 정하고 일관성을 부여하는 역할을 한다.

03 정답 | ①－A, C, E ②－B, D
해설 | 조직구조는 기계적 조직과 유기적 조직으로 구분되며, 기계적 조직은 구성원들의 업무가 분명하게 정의되고 많은 규칙과 규제들이 있으며, 상하 간 의사소통이 공식적인 경로를 통해 이루어지고 엄격한 위계질서가 존재한다. 유기적 조직은 공식적인 상호의사소통이 원활히 이루어지며, 환경변화에 따라 쉽게 변할 수 있는 특징을 가진다.

04 정답 | 전략, 규모, 기술, 환경
해설 | 조직구조에 대한 많은 연구들은 조직구조에 영향을 미치는 요인으로 조직의 전략, 규모, 기술, 환경 등이 있다.

8장

01 정답 | A – 공유된 생활양식
B – 조직몰입

02 정답 | A – 공유가치
B – 전략

03 정답 | ③
해설 | 조직 내 의사결정의 과정은 대부분의 경우 조직에서 이루어진 기존 해결방법 중에서 새로운 문제의 해결방법을 탐색하는 과정이 있다. 이는 문제를 확인하고 난 후 개발단계 중 구체적인 설계가 이루어지기 전 탐색단계에서 이루어지게 된다.

04 정답 | ① – A, B, D ② – C
해설 | 공식적 집단은 조직에서 의식적으로 만든 집단으로, 공식적 집단의 목표나 임무는 비교적 명확하게 규정되어 있으며, 상설 혹은 임시위원회, 임무수행을 위한 작업팀 등이 해당한다. 비공식적인 집단은 조직구성원들의 요구에 따라 자발적으로 형성된 집단으로, 업무수행능력 향상을 위해 자발적으로 형성된 스터디모임, 봉사활동 동아리, 각종 친목회 등이 해당한다.

05 정답 | ③
해설 | 팀은 생산성을 높이고 의사결정을 신속하게 내리며 구성원들의 다양한 창의성 향상을 도모하기 위하여 조직되지만, 팀이 성공적으로 운영되기 위해서는 조직구성원들의 협력의지와 관리자층의 지지가 요구된다.

06 정답 | (A) – 환경변화 인지 (B) – 조직변화 방향수립
해설 | 조직변화는 환경변화에 따라 조직에 영향을 미치는 변화를 인식하는 것으로 시작한다. 환경의 변화가 인지되면 이에 따른 조직변화 방향을 수립하고, 이를 실행한 후 평가하는 과정을 거친다.

07 정답 | ① – ○ ② – ○ ③ – × ④ – ○
해설 | 조직변화 과정은 환경의 변화를 인식하는 데에서 출발한다. 따라서 조직변화는 환경변화에 따른 것으로 환경변화가 경제적인 것인지, 기술적인 것인지, 정치적 혹은 문화적인 것인지에 따라 조직변화의 방향도 달라지게 된다. 또한 조직변화 유형 중 제품이나 서비스 변화는 기존 제품이나 서비스의 문제가 발생했을 때에도 이루어지지만 새로운 시장을 확대하기 위하여 신기술을 도입하기도 한다. 조직변화 중 전략이나 구조의 변화는 조직의 조직구조나 경영방식을 개선하기도 한다. 문화의 변화는 조직의 목적과 일치시키기 위하여 조직문화를 변화시키는 것이다.

9장

01 정답 | ① 성격 ② 지식
해설 | 업무이해능력은 직업인이 자신에게 주어진 업무의 성격과 내용을 알고, 그에 필요한 지식 · 기술 · 행동을 확인하는 능력이다.

02 **정답** | ③
해설 | 직업인들은 자신의 업무를 자유롭게 선택하기보다 조직에 의해 주어지게 된다.

03 **정답** | ① ○ ② ○ ③ ×
해설 | 직무기술서는 특정 직무에 관한 정보를 체계적으로 정리한 설명서이다.

04 **정답** | ①－A ②－C ③－B
해설 | 간트 차트는 전체 일정을 한 눈에 볼 수 있고, 단계별로 업무의 시작과 끝을 알려준다. 워크 플로우 시트는 도형과 선으로 일의 흐름을 동적으로 보여주며, 체크리스트는 업무의 각 단계를 구분하고 각 활동별로 수행수준을 달성했는지를 자가점검할 수 있다.

05 **정답** | 업무수행을 위한 정확성, 신속성, 집중, 협업의 네 가지 원칙을 설명한다.
해설 | 업무수행을 위한 네 가지 원칙을 중심으로 설명하고, 업무성과 향상을 위한 자신의 아이디어나 의견을 부가적으로 서술하면 더욱 좋다.

10 장

01 **정답**: 의견 차이
해설 | 목표를 달성하는 방법에 있어서 생각의 차이가 있을 수 있으며 이로 인한 불일치가 갈등의 쟁점이 된다.

02 **정답** | ①
해설 | 갈등의 쟁점은 핵심문제와 감정적인 문제로 나누어 볼 수 있는데, 이 중에서 역할 모호성은 핵심문제에 해당한다.

03 **정답** | ① × ② × ③ ○
해설 | 갈등은 항상 부정적인 것이 아니며 변화와 혁신을 가져오기도 한다. 또한 갈등상황에서 어떤 경우는 회피전략이 바람직할 수도 있다. 그러나 갈등이 심각한 경우 조직의 근간이 흔들릴 수 있다.

04 **정답** | ①－B ②－C ③－A
해설 | 갈등의 5단계 교재 참조

05 **정답** | 조직적 수준에서 볼 때 생산성 저하와 높은 이직률로 이어진다.
해설 | 높은 결근율, 높은 이직률, 조기 퇴사, 낮은 수행성과 낮은 조직몰입도 등으로 생산성 저하와 높은 이직률로 이어진다.

11장

01 **정답** | ① 문화 ② 국제법규나 규정

해설 | 국제감각은 다른 나라의 문화에 대해 개방적인 태도를 가지고 이를 적극적으로 이해하는 것뿐만 아니라, 자신의 업무와 관련된 국제적인 동향을 이해하고 이를 적용하는 능력을 포함한다. 업무와 관련된 국제동향에는 다양한 정치 · 경제 · 사회적 이슈들이 있지만, 특히 국제적인 법규나 규정을 숙지할 필요가 있다.

02 **정답** | ④

해설 | 3B는 Border(국경), Boundary(경계), Barrier(장벽)이다.

03 **정답** | ① ○ ② ○ ③ ×

해설 | 자유무역협정(FTA)은 협정을 체결한 국가 간에 상품 · 서비스 교역에 대한 관세 및 무역장벽을 철폐함으로써 배타적인 무역특혜를 상호 부여하는 협정이다.

04 **정답** | ①－B ②－C ③－D ④－A

해설 | 글로벌 인재가 되기 위해서는 글로벌 마인드, 다양한 외국문화 이해, 글로벌 전문성, 외국어 습득, 도전정신이 필요하다.

05 **정답** | 학습자들이 국제동향을 파악하는 데 각자 적용할 수 있는 방법을 찾아서 작성하는 것으로 다양한 답이 나올 수 있다.

해설 | 학습내용에 제시된 국제동향 파악방법을 중심으로 설명한다. 이 외에 구체적이고 참신한 국제동향 파악방법을 제시하면 가점을 부여한다.

12장

01 **정답** | 문화

해설 | 이문화 커뮤니케이션은 문화 간의 차이와 다름을 인정하고 상호존중하는 태도를 전제로 한다.

02 **정답** | ③

해설 | 언어적 표현이 능숙하여도 비언어적 표현 때문에 어려운 경우가 많다.

03 **정답** | ① ○ ② × ③ ○

해설 | 자국의 문화를 기준으로 다른 문화를 평가하는 것은 바람직하지 않다.

04 **정답** | ①－B ②－C ③－A

해설 | 교재 참조

05 **정답** | 세계화 시대에 국제적 이동이 활발해지면서 세계 어느 곳에서나 통용되는 공통의 예절을 지키는 것이 중요하다. 이는 개인의 이미지 외에도 국가적 이미지에 영향을 주므로 중요하다.

해설 | 교재 참조

저 | 자 | 소 | 개

금진호

한남대학교 교육학석사
전) 미래에셋생명 고문
현) 한국연금개발원 연구위원
목원대학교 창의교양학부 겸임교수
대전과학기술대학교 세무회계과 겸임교수
한국표준협회 NCS 전문위원
큐프라임 경영컨설팅 경영 · 창업지원 전문위원

최은주

충남대학교 경영학박사 수료
현) 대전과학기술대학교 초빙교수

이재희

국민대학교 경영학박사
전) 대한민국산업현장교수(HRD)
한국생산성본부 전임교수
현) 비전경영연구소 대표
저서) 인적자원개발, 리더십프레임, 비즈니스 커뮤니케이션, NCS 의사소통능력 외

김경진

숙명여자대학교 일반대학원 교육학박사 수료
전) 연세대학교 미래캠퍼스 산학협력중점교수
안산대학교 NCS교육지원센터 특임교수
현) 한국학습컨설팅센터 연구위원
저서) 대학생활과 진로설계, 취업과 창업전략, NCS직업기초능력 자기개발능력 외

임영수

경기대학교 대학원 관광학박사
현)국제대학교 항공서비스과 교수
저서) 의사소통능력 대인관계능력 외

박수미

동명대학교 대학원 관광학박사
현) 부산여자대학교 항공서비스과 조교수

조직이해

1판 1쇄 인쇄 — 2023년 2월 6일
1판 1쇄 발행 — 2023년 2월 10일

저 자 - 금진호 최은주 이재희 김경진 임영수 박수미
발 행 인 - 강성민
발 행 처 - 수양재
주 소 - 경기도 파주시 검산로 173번길 29-12
전 화 - 031-946-3863(代)
팩 스 - 031-946-3864
이 메 일 - syjpub@naver.com
출판등록 - 2016년 6월 3일 제 406-2016-000069 호

ISBN 979-11-89457-26-6

정가 19,000원